梧桐文集

杨常春◎著

民主与建设出版社

图书在版编目（CIP）数据

梧桐文集 / 杨常春著 . —北京：民主与建设出版
社，2016.4
ISBN 978-7-5139-1053-8

Ⅰ. ①梧… Ⅱ. ①杨… Ⅲ. ①社会科学－文集 Ⅳ.
① C53

中国版本图书馆 CIP 数据核字（2016）第 064691 号

ⓒ 民主与建设出版社 . 2016

梧桐文集
WU TONG WEN JI

出 版 人：许久文
编 　 著：杨常春
责任编辑：程　旭
书名题字：野　狐
封面设计：七彩玲珑设计部
出版发行：民主与建设出版社有限责任公司
电 　 话：（010）59417747　59419778
社 　 址：北京市朝阳区阜通大街融科望京中心 B 座 601 室
邮 　 编：100102
印 　 刷：北京龙跃印务有限公司
版 　 次：2016 年 4 月第 1 版　2016 年 4 月第 1 次印刷
开 　 本：710mm×1000mm　1/16
印 　 张：14
字 　 数：12.38 千字
书 　 号：ISBN 978-7-5139-1053-8
定 　 价：35.00 元

注：如有印、装质量问题，请与出版社联系。

自序

我和一棵梧桐树

我常教诲学生：会读书者读人生，不会读者读光阴。而勉励自己的语言是：多跟书本做朋友，少与凡人打交道。唯此故，自己方才将与书打交道的点滴收获，以不太严格的分类，合成《梧桐文集》一书。

梧桐，非名木，本是极其常见的一种植物。然，其木可制乐器；种子可食用或榨油；叶、花、根、种子均可入药，有清热解毒、去湿健脾之功效，可谓全身是宝。

它，难道不像是一个人的命运吗？我们绝大多数的人，都是凡人，但是我们存在的价值，正如梧桐树，平凡而不凡，是一种人的精神象征，历经无数风雨，却巍然而立。

名木稀有，而梧桐常在。我们只要做好梧桐，也是名木珍草，证明自身存在价值。

我是1973年3月从事教育教学工作的，先后在韩家公社完小附中、板溪中学、印江二中任教，1995年2月调到印江民族中学执教至今。本人长期担任语文教研组组长，现系贵州省中语会会员，全国农村中语会会员、研究员，《语文报》通讯员。

自参加工作以来，我一直忠于党的教育事业，爱生如子，酷爱读书，勤奋治学。工作兢兢业业，任劳任怨，踏实肯干，认真负责，教学成绩突出，深受学生的爱戴。本人数年被学校评为先进；1990年被铜仁地区表彰为"先进个人"；1998年被评为"全县十佳职业道德标兵"；1999年被县人民政府表彰为"先进教师"；1999年、2001年两次被评为优秀共产党员；2001年被评为"县级教学能手"。

　　本人近十年来，一直担任高三语文教学，着力于研究高考语文试题和高中生快速作文教学法。其间，笔耕不辍，所撰文章获县级一二等奖8次；全国论文竞赛获一三等奖各8次。指导学生作文大赛，获国家级特等奖1人、一等奖4人；省级一等奖11人、三等奖48人；县地级奖百余人。我撰写的《语文教师在课堂教学中应具三美：音美、形美、意美》一文，发表于《语文教学通讯》(1996年12期)；缩写刘心武长篇小说《钟鼓楼》一文发表于《语文报》(1997年3月31日)；《谈〈雷雨〉的戏剧冲突》一文载入《中国当代教师优秀论文大系》，该文荣获全国论文赛一等奖；《谈〈荷塘月色〉的语言美》载入《语文教研成果集成》；研究2001年高考试题、论文——《目睹敞着的门而欲进不能》一文，已被全国中语专业委员会评审为一等奖，并载入《全国教育科研论文集》(该书于2012年7月出版)。另外，本人还参与了《中学语文智能立体化同步检测丛书》一书的编写工作，并担任编委。自己所撰《高语二册第一单元目标教学》一文刊入第二册(1997年由兰州大学出版社出版)。

　　2001年高考语文成绩突出，人均分、及格率双超省成绩，本人不仅获得了定额的奖金，而且享受了学校派出旅游北京的待遇。

　　《非构思创新写作研究与实验》研究报告荣获2014年贵州省第一届教育科学研究优秀成果二等奖、奖金五千元人民币。

　　昔日的成绩只能说明过去，未来的美好更需要自己努力去创造，不懈地追求才是我人生最大的快乐。

　　以上这些话，我和我的学生说过，我也经常对自己这么说。我想像自己是一棵梧桐树，或者说，我愿意成为梧桐的追随者。

　　《梧桐文集》这本123800余字的文集共分"诗词赋文"、"教学论文"、"科研课题"、"教学案例"和"阶段小结"五个部分，以示读者有了大致的轮廓，这些点滴笔墨只是本人与书为伍的心迹与书为伴的情愫的见证而已！这本《梧桐文集》里面必然存在不少缺点，恳望行家里手不吝指正。

　　是为序。

目录

一 诗词赋文

词四首

赞美

青春放歌春常在，人品高尚讲信赖。
童叟无欺皆平等，中华美德传万代。

眺望西环桥抒怀

一桥横跨南北壤，邛江方圆此最雄。
旖旎圣墩腾异彩，繁华风物展飞虹。
映衬文昌景更美，莘莘学子乐其中。
感谢科研臻化境，无穷威力夺天工。

仿忆秦娥 • 为人师

寒风烈，三尺讲台窗外月。
窗外月，映辉黑白。
桃李芬芳知时节，教书育人情尤切。
情尤切，蚕丝未尽，总难离别。

诉衷情

铃声课表伴春秋，扩招喜兼忧。
心萦教育灯火，闲却月如钩。
金榜出，泪横流，涤前愁。
半怀清水，满桌残书，遨游星球。

2006.3

天仙子·出类拔萃

寻觅求索万斯年，日思夜想难谋面。
伊人飘然莅眼前？相见晚，亦美奂，
缕缕墨香呈期刊。
恢宏如歌逢华诞．师生同心贺盛典。
醉人光华永弥漫，人之爱，何以办？
出类拔萃诚奉献。

毛寨颂

十一月三日我亲临毛寨，走访学生家庭，
耳闻目睹有感，乃以诗寄情颂之：

一

秋阳送我至毛寨，家长门生把客待，
五谷丰登人欢老，展望今朝变化快。

二

秋阳送我至毛寨，玉盘珍馐佳肴菜，
相亲和蔼平心静，三杯两盅增气概。

三

秋阳送我至毛寨，党群关系若细纽，
富民政策家喻晓，建筑华城好气派。

四

秋阳送我至毛寨，金黄谷子坝上晒，
酒饭相亲摆筵席，六畜肉食正好卖。

五

秋阳送我至毛寨，民俗风情是老率，
宽以待人礼三分，男女老少讲信赖。

六

秋阳送我至毛寨，校园歌声传万代，
四化锦程人心激，精神抖擞更豪迈。

1980.11.4

祝贺您新生的母亲

——热烈祝贺板溪区中心文化站成立

听——
举国电台播佳音，
普天人民纪诞辰。
啊——
伟大光荣正确的党
您——
饱经几何风霜又一春。
您——
沥血呕心育后代，
为我们——
新生了母亲。
啊——
板溪区中心文化站成立！
这真是——
天地良缘巧相遇，
老娘新妈同生日。
让我们——
设酒杀鸡摆筵席，

双喜临门祝双亲。

看——
春风送暖千丝绿，
啊——
男的，女的，老幼的文化中心，

您——
继往开来启后代，
为我们——
开辟了多彩的乐园。

啊——
新生的母亲。
这真是——
母乳喂儿儿偎依，
儿秉诗书口呻吟。
莫道今朝万客欢，
更望来年人才济。
啊——
文坛英才挥彩笔，
艺苑新秀唱颂歌。
这就是——
群芳斗艳百花放，
众才献智百家鸣。
啊——
新生的母亲。

让我们——
在这九百六十万平方公里的乐土上，
尽兴饱蘸幸福的泉水，
倾吐出一片衷肠：
共产党啊，我的妈妈。

请放心——
我们一定管好祖国之家。
让我们——
在这娇莺戏蝶的舞台上，
尽情品味无穷的乐趣，
倾吐出一片衷肠：
文化站啊，我们的妈妈。
请放心——
我们一定要开文化之花。
让我们——
一曲新词酒一杯，
献给您，新生的母亲。
我们祝愿：
柜台内外五彩缤纷添新色，
货架上下琳琅满目绽奇葩。

1980.7

献给您，辛勤的园丁

——热烈祝贺板溪区颁发园丁荣誉纪念证大会的召开

看——
百花园中花似锦，
然而——
花红要靠育花人。
啊，老师——
滴滴汗水花上浇，
呕心沥血造新人。
是您——
至深的母爱，笃厚的慈心；
火热的挚情，爽朗的情怀；
耐心的哺育，激励着我们。
啊，老师——
我们最心爱的母亲。
您——
吃的是草，挤出来的是牛奶。
可见——
您要求于人的甚少，却给予人的甚多。
就这样——
几十年如一日，公仆于教育事业，
兢兢业业，勤勤恳恳。
看——
您头上铺盖了一层层银色的雪花，您额上开凿了一条条深深的
"渠道"。

然而——
为了革命的后代——我们的成长，
您——
不恤一切代价，心甘情愿为党工作。
啊，老师——
新作吐翠长成林，
映得水绿山也青。
数万朵含苞待放的蓓蕾正竞争开放，
乍开张张红润的脸蛋朝着您微笑、问好。
您——
只要举目一看这繁花盛开的情景，
不觉自己是垂暮之年，而是一位重生的少女，
姿色艳丽，婀娜翩跹。
这便是——
接天莲叶无穷碧，
映日荷花别样红。
啊，老师——
这就是您莫大的欣慰，
亦是我们更大的自豪。
让我们——
在这九百六十万平方公里的乐土里，
饱蘸祖国的清泉。
尽情地倾吐我们的衷肠：
稻草捆秧父抱子，
竹篮装笋母怀儿。
请放心——
"四化"蓝图我们绘，

祖国江山我们描。

让我们——

在这洋溢热烈气氛的会议上，称彼兕觥

尽情地唱一曲欢乐的赞歌：

打起鼓来敲起锣，

和风吹来暖胸怀。

歌声笑声飞云开，

人人喜洋洋，

个个笑颜开。

唱起歌来跳起舞来，

昔日泪水化春雨。

浇灌鲜花遍地开，

万紫千红绚丽彩。

啊、老师——

献给您，辛勤的园丁。

1980.5

赠门生

——病中有感

致命鼻窦炎，
神经官能症，
门生勋静彬，
礼慰病情轻。

　　　1980.11

元旦抒怀

瑞雪皑皑踵新年，
心事茫茫总不平。
遥想昔日坎坷路，
迩睹帘前亮无程。
恨别残园遐征去，
事与愿违旧地闲。
安得吾心凉爽意，
白李红梅送我情。

　　　　　1980.1

拔河

——声哑有感

气爽天高秋色浓，
拔河铸炼生机增。

我助健儿士气长，
声哑无怨乐呵乐！
1980.10

士气歌

——为拔河赛而作

眩目阳光助我威，
拔河竞赛见精神。
称誉前茅合力使，
健儿体魄意志辉。
1980.10

激战

——为拔河队员输氧而作

两军力敌久相持，
双方呼啸激战催。
切齿锁眉气益振，
跨弓绷弦力更增。
奋臂猛扯进一步，
弛手懈足退千寻。
众志神勇合力使，
万壑砰崖听惊雷。
1980.10

高尚的情操

残月如钩，
天未破晓，
老师的灯早已亮了。
人们还在梦香，
老师啊！
时间还早呀：
怎么不多睡一觉？
"不行啊，老师应比学生早到校。"
早学放了很久，
隔壁邻居饭菜喷喷香，
老师的住房静悄悄，
门上还挂着把锁，
一只小黑狗蜷曲在门边睡觉。
老师啊！
时间不早！
您还不觉得肚饿口焦？
"有的同学有困难，需要老师课外辅导"。
锦江城的夜啊！
何等喧嚣，
灯光球场上鏖战急，
电视屏前人如潮，
叔叔阿姨多欢乐，
熙来攘往更热闹。
老师啊！
您为什么还在灯下忙，
不去散心消疲劳？

"你哪知道，今天的工作虽已做完，
明天的功课今晚还得准备好。"

1982.12

别了亲爱的同学们

冬去春来容易过，
岁月之树一载半，
早春三月桃李花，
鱼水之情深又深，
漫漫长夜人生路，
艰辛往事莫须言，
热血满腔育桃李，
芬芳馥郁扑鼻浓。

二十九岁满抒怀

征途度隆冬，
来去竟匆匆，
二九三点变，
如今在二中，
倘若虚度者，
转眼白头翁。
与民建四化，
誓做急先锋。

生日

——冬月二十五日

诞日隆冬光朗照，
邀友盛情贺喜到，
攀亲叙旧常知情，
恩爱夫妻含羞笑，
世事艰辛意不料，
长幼齐昌全才貌，
面壁寒窗趁年少，
未来美景志者造。

在这里

在这里
有我美好的事业，
教室里有我的汗水，
讲台上有我的足迹。
教室一间，学生数十。
都记下了我多少追求和回忆

在这里
有我真挚的友谊
攀登时给我力量，
失败时给我勇气，
滔滔大海，滚滚长河，

像友情一样长流不息。
在这里
有我纯洁的爱情，
露珠晶莹花朵朵，
无情风雨摧不损，
幸福、痛苦、欢笑、眼泪，
永远珍藏在我心里。

在这里
有我执着的憧憬，
童心世界我要治，
四化蓝图我去绘，
春天、夏天、秋天、冬天，
尽是磨炼我人格最好时令和现实。

在这里
有我宁静的环境，
更助人潜心治学。
在这里
有我温暖的群居，
能催人合力地劳作
在这里
有我恰当的褒言，中恳的谏语，
我多么惬意，虔诚地接受。
请相信：
我由衷地愿意珍惜这里的一切。

1986.12

15

啊！二中

岩底寨山下吹拂着吉祥的春风，
印江城河畔飘逸着轻柔的歌声
真善美的种子，
在二中播进一颗颗赤诚的心灵，
新风尚的鲜花，
在二中吐出迷人的芳馨。

啊！二中
年纪轻轻的黄花女儿，
你勾起了人们多少幸福的美梦！
"人间仙鹤"已展开了矫健的翅膀，
"子规姑娘"露出了欣慰的笑容。
坚定的信念，
在二中留下了一行行拼搏的脚印，
崇高的理想，
在二中燃起了一股股创业的热情。

啊！二中
文明学校的起点，
愿你成长得更加无上荣光！

　　　　　　　　创作于二中
　　　　　　　　1986.12

赠 TQ

TQ 人物资格老，
三日打鱼两天网，
田园经管夙兴早，
归家夫妻时常吵，
花天酒地随意搞，
奇巧奇巧太奇巧，
九十薪金不可少，
人间贫富了了了。

1984.11

十六字令三首

攀
粗心大意未过关，
惊回首；
欠格三个三。
攀
细品教材奋力钻，
争锋急，
孤军渡奇滩。
攀
沥血呕心莫悲观，
三战列，
大捷人心欢。

1984.11

贺词

（少年朗诵）

领：亲爱的阿姨

合：你们好！

领：在这庄严的合场里，

合：我们衷心祝贺

领：在这充满活力气氛中

合：我们尽情欢呼

领：在这平凡朴素的舞台上

合：我们纵情歌唱

齐：锣鼓叮咚响

　　彩期迎风飘

　　我县妇代会

　　胜利召开了

领：这是党对阿姨们政治生活的关怀

合：更是千万人民的希望

领：是你们

合：历经险阻，备尝艰辛

领：是你们

合：充满信心，奋臂战斗

领：是你们

合：付出多少代价换取了今天

齐：你们吃苦在前

　　你们享受在后

领：告诉你们——阿姨，

众：我们是一株株小草

齐：沐浴着和煦阳光
　　　吮吸着滋润雨露

领：你们是今天

众：我们是明天

领：只有你们

众：才有我们

领：才有明天

领：这因为——

众：基业由你们开创
　　　未来靠我们建设

领：这就是——

众：社会的发展，时代的需要

领：亲爱的阿姨

众：你们好

领：在这庄严的合场里

众：我们衷心地祝贺这次会议圆满成功

领：在这充满生机的气氛中

众：我们热切地希望阿姨们生活幸福，愉快

领：在这平凡朴素的舞台上

众：我们纵情地歌唱四化建设更加美好

齐：我们纵情地歌唱四化建设更加美好。

1980.9

犁铧，崇高的使者

（散文诗）

哦，犁铧——

你，铁木结构，可是筋骨无比坚强，平川峻岭都有着战斗的脚部。你，工作平凡，一辈子与泥土打交道，却从不自诩资格老，直到生命的最后一刻，仍在用自己的身体为人类钻探、开拓。

哦，犁铧——

你，鞠躬耕耘，然而从不叹息青春在泥土中埋葬——你甘愿让它在荆棘中闪烁光华；你，质朴高雅，却从不哀怨，价值在石面中隐没——你自豪它在层里熠熠生辉。

哦，犁铧——

你勇往直前以自己深沉而永不重复的足迹，在大地的录音带上浇灌着奋斗，充实的旋律，妙手回春，像一支多彩的蜡笔，用生命谱写着自己湿漉漉的自传。

"哦，犁铧——"

你是崇高的使者。对绿的憧憬，是你的理想，对秋的向往，是你的信仰，为了人类的幸福和欢畅，你勤恳劳作，一如既往，从不吝惜自己的前途和能量。

哦，犁铧——

你是价廉物美的商品，要求于人的甚少，却给了人的甚多。

我多么真挚地想变成一只犁铧，俯首耕耘，不声不响，在人生的处女地上抒写出醒目闪光的诗行。

这里

这里，有徐徐的春风，吹向那翻动的马列著作的书页，有一扇扇打开的心窗，裸露出一颗颗赤子之心。

这里，有渐渐的春雨，飘向母亲的温厚的怀抱，滋润着干涸的心田……

啊！带露的绿叶萌发了。绚丽的花朵开放了……

摘下来，这知识和心血的鲜花。从这里出发，换一捧实践的硕果，献给祖国。

不该发生的故事

十月三十日下午，晚饭学放后，我便通知二（2）班的学生全部进教室。学生们仿佛全部摸透了我的心底似的，一个个乖乖坐在那儿，我以一种严肃的神态说了句："完成并检查合格后再走！"话语不多，说完随手将门锁上了。

时过十分，二十分……五时，六点左右，我准备去验收了，不事巧，当我带着欣慰的情绪朝教室走去，只见门被打开了。一伙学生蜂拥而出，顷刻间，令我气愤极了，顿然厉色地连问几声："谁放的，谁放的！"两秒、三秒……五分钟后方才隐约听出一股粗暴声："我放的，杨老师，让他们端饭盒去。"见势不妙，我趁着怒气喊着"转来，站住！"。这时，开门的人走出了教室，依然催着学生走去端饭。

事已如此，本想，科任教师要抓教学质量该是合理的，真的正当，怎会有人竟公然袒护呢？百思不得其解，索性避而不见。殊不知放人的"人"也说出了道理：未与他联系。彼此理论不休，气势不善，看客多了，劝谏的人也来了，"有话慢慢说，别急性吧！"

一晃灯都全亮了，张登高校长说了句："老师们开会了，会后请杨老师、赵老师二位留下。"

几个人的小会开始了。校长说话很委婉。我抢先发了言："今天是我留二（2）学生做历史笔记和作业，正要检查验收时，学生已被赵老师放走，此刻心情不言而喻，诸位可理解的，因而与赵老师起了口角。"随后，年近四十的瘦弱而刚烈中年分子——赵老师接着说："我因上回庹老师关学生烫怕了，学生没饭盒要找我，担心的就是这样。"话明气散。从这不该发生的故事中悟出了一个道理：为了工作，应当注重个人涵养，敬重他人，力求尽善尽美。

1980. 10

鸟的诉说

曾记得在我小时候，妈妈对我说："孩儿，你长大以后，应到归属于你的地方去。"不久，妈妈就不辞而别了。真不料，这是妈妈最后一次对我的教导。

"长大后，我便成了你。"仿佛远处高楼上飘来了这动听的歌声，愈加面对现实，追忆过去，思绪万千……我真的长大了，果真像妈妈那样当上了妈妈。我的境遇比我妈妈的年代更惨，我多年的老屋业已断壁残垣，祖辈修筑的金碧辉煌、琼楼玉宇如今变成了一片废墟。不因我辈为人不行，只是他人太霸道。我虽老了，但也需一席栖息之地呀！哪怕万般简陋又何妨。更不忍闻的是我那刚出浴的孩子的哀鸣，依稀清晰地吐出：妈妈，我们的家到底在哪儿？我母女俩荡北闯南，浪迹四海五湖，总寻不着祖籍，也没找到孩儿她奶奶临终时的遗嘱所向。

走呀，走呀，我们爬过一座座高山，翻过一座座峻岭，淌过一道道小溪，涉过一条条大河；走呀，走呀，我们走过一个寨，再过一个村……一路上，不仅我们没有找到自己应有的归宿，而且就是我们同一祖宗的堂兄堂妹们也在呻吟，熊猫、山羊和野猪亲戚们也在啼哭，那老虎王爷更是怒吼不止啊！我们不禁叹息：同是天涯沦落人，相逢何必曾相识。本来是人以群分，物以类聚的，但彼此都遭受着近乎同样的境遇。你看，那些泥土朋友也都倾诉着他们的流离失所，子散妻离的厄运；你看，那塘里河中的鱼儿老俵们也都在絮絮唠叨叫苦连天。有的说水位越来越低了，有的讲水质越来越浊。简直是冤家路窄穷人遇上叫花子。

流浪，流浪，到处流浪。有一天，我艰难地携着孩儿来到一所又窄又烂的庙子，把她交给……因为我感觉到颠沛流离太累了，实在支撑不住了。庙里小方丈把她接了过去之后，我转身便走了……

1999.12

我游梵净山

谈及梵净山，自然是人们心中慕名神往的胜地，亦是大家朝思暮想的饭后谈资。也许去过的或没去过的人跟我有同样的看法，力图寻找机会去那神仙般花园式的境地潇洒走一回，夙愿终于实现了。今年暑假，我欣然地游了梵净山。

走近梵净山麓，第一耀眼的是广袤无际枝繁叶茂的黑压压的原始森林，简直让人辨不出日东日西的方向。沿着新辟的游人大道，再攀逶迤石级，手扶石阶，胸贴山体，终于，我到达了梵净金顶。梵净山真高啊！阵阵云雾时浓时淡将我锁入了天空。一会儿，云散之后，我鼓足了胆子，放眼一望，方才知晓山势那样的陡峭，令人感觉到"会当凌绝顶，一览众山小"的境界呀！薄刀岭，宛如两把利刃竖直对峙，大有两军短兵相接之势。梵净山真险啊！游者仿佛置身于悬崖之处，实不敢轻举妄动，一旦失足，摔个碎骨粉身绝不夸张，正如有人所说"难找到一块皮子缝荷包"也不过分。剪刀峡，已被巨石两块挤窄了梯路，只容一人通过。我不禁联想到李白诗人"一夫当关，万夫莫开"的诗意写照莫过于如此而已。梵净山真奇啊！黑巷子，好似一道修长的隧洞，人在其中穿行不见天日；太子石，犹如一支倒立的大狼豪毛笔，锋芒毕露，游人目视顷刻产生刀击于身之感；翻天印，那映入眼帘的清晰印字，真像一枚玉玺倒置于圣旨。还有那犹如蘑菇石与万卷书的山势组成了一幅独特新奇的风景画，这真是令人钦佩的这般鬼斧神凿的大自然的杰作。至于碑林、杜鹃林、古庙、云海、晚霞等。纷呈异彩，令人目不暇接。更令人感到饶有兴趣的是，山顶处、树梢上、金丝猴、黑猩猩、凤凰、孔雀、金鸡等各类明星演员展示了她们精湛的表演艺术，有优美的动作，有动听的歌声，有整齐的步伐，有亲切的接吻……这一幕幕精彩的场景尽收眼底，委实叫我忘返流连。

一日游的时间催着我赶快离山，我带着依依不舍的心情暂别了。归途中，我想着：梵净山无愧于闻名世界的一座神山，她位于贵州武陵山脉的东部有着如此的绝美，不仅是她自身的自豪，而且更是贵州人民的骄傲！梵净山，我要为你荣获"地球和人类之宝"的美称而放声高歌！

亲爱的朋友，若果你想去一趟梵净山，我愿陪伴你携手共行。

1999.11

那棵树

那树
那是一棵
那是一棵银杏树
那是一棵常青树

那棵树
生于斯
土肥壤沃
长于斯
山青水秀

那棵树
身材魁梧
伟岸傲然
那棵树
枝繁叶茂
摇曳多姿

曾记否
历经沧桑
那棵树
饱尝风雨

鏖战浴血
金戈铁马
二六红军旌旗戟
看今朝
招展迎风
科学引领
神州腾飞
东方屹立
岂能忘先烈前行

那树
那是一棵
那是一棵银杏树
那是一棵不倒树

我想成为一棵树

我想成为梵净山上剪刀峡旁的迎客松。迎春风习习,夏日炎炎,秋雨绵绵.冬雪皑皑;迎文人画士,迁客骚人.才子佳人,文才武将;迎花红柳绿,桃芬李芳,迎喜怒哀乐,悲欢离合,豪情壮志,安居乐业;迎伯歌季舞,虎啸猿啼,安魂定魄,意画情诗。迎客松非但自豪地怡然根植于土肥壤沃的大自然怀抱.而且骄傲地欣然盘桓于琼楼玉宇的舞榭歌台。迎客松非但无私地点缀地球母亲,而且静默地装扮了万家乐园。

我想成为印江永义乡路边的紫薇树。身姿伟岸,覆盖方圆十余米,为小草与禾苗遮风避雨;吮吸大地母亲的乳汁昼夜不停地生活,枝繁叶茂,斗转星移地展示风采,永远不减姿色;惹人艳羡,招人青睐,门庭若市,车水马龙。有了我,自然才会水秀山明。

我想成为木黄镇金厂村的银杏树。盘根错节,根深蒂固,从不动摇;身居山壑,潜滋暗长。从不张扬;游刃有余,自在延展,从不逞强;喜迎宾客,亲善和蔼,从不傲慢;造福一方,幸福万代,从不炫耀。

我想成为海南岸堤上的椰子树。不择贫瘠.不择海边与地角,不择荒漠与山坡,只要埋一棵苗,就是一棵大树,因为我生于斯,饱尝了丰足的食盐;长于斯,沐浴着充足的阳光。一棵树能站成一片风景,因为我日夜经历海风大浪的考验与洗礼,我拥有了海岸般的顽强,即使在十二级台风中,也会昂然扬起不屈的头颅。因为我的根、干、枝、叶、果,无一不予人有神益呵!多少年前,被贬琼岛的东坡先生,在树荫下徘徊,构思大气磅礴的华章,我多次瞥见先生消瘦的身影和一绺长须!

我想成为印江民族中学文昌阁下的柏树。领略党的教育和煦春风,浸润传统与现代的文化雨露,品味依仁书院的馥郁芳香,仰视文昌近奎光芒。秉承中华民族伟大魂灵,造化与演绎美丽人生。与世界文化同生共长,蓊蓊郁郁茂茂盛盛,见证教育事业之兴旺,永世常春!见证人才之辈出,万古流芳!

我想成为茫茫戈壁的胡杨树。无论气候再差、环境再恶劣，依旧置生死于度外，依旧执着地在沙漠营造哪怕一星半点的绿色。因为我能吃沙，即令我浑身秃秃，黑乎乎的枝丫直刺蓝天，宛若有些冷酷，漠然，也是挺有思想的。当一年超过三百天的干旱，剥蚀我的生命时，我步步为营，生命从梢头不动声色地退却，直到根部。我的根能深入地下四十多米，别以为干旱的恶魔能得逞，来年春天你瞧着。无际的沙漠又会爆出满世界胡杨的新绿啊！

情侣们常以"生千年不倒，倒千年不死，死千年不朽"的话语，来形容爱情之忠贞呵！我就是想成为这样的一棵树：生千年不倒，倒千年不死，死千年不朽！

2011.9

向那棵树致敬

神州大地，万木葱葱。滚滚波涛，澎湃心潮。我心中一直敬慕着那葱葱万木之中的那棵树。源于崇拜，始于景仰，羡于情钟，于是乎，我终于控制不住，做出果断的行动抉择——虔诚地向那棵树致敬！

杨善洲，入党六十载，一肩明月，两袖清风，家无积余，人无显贵；从政四十年，脚穿胶鞋，肩扛锄头，一步一镐，造福桑梓；为官三十载，铺路架桥，引水通电，埋头耕耘，奉献社会。"棒着一颗心来，不带半根草去！"峥嵘岁月，见证了他党旗下的铮铮誓言。

郑培民，身居高位而心系百姓，他以"做官先做人，万事民为先"，为自己的行为标准，直到生命的最后时刻，仍然不忘自己曾经许下的诺言。他树立了一个共产党人的品德风范，他在人民心里树立起一座"公正廉政，为民服务"的丰碑。

杨利伟，他承载着中华民族飞天的梦想，他象征着中国走向大空的成功。作为中华飞天第一人，作为中国航天人的杰出代表，他的名字注定要被历史铭记。成就这光彩人生的，是他训练中的坚忍与执着、飞天时的从容镇定、成功后的理智平和。

巴金，穿越一个世纪，见证沧桑百年，刻画历史巨变，一个生命竟如此厚重。他在字里行间燃烧的激情，点亮多少人灵魂的灯塔；他在人生中真诚地行走，叩响多少人心灵的大门。

刘翔，12秒91，他实现了一次伟大的跨越，100年来的纪录成了身后的历史，十重栏杆不再是东方人的障碍，因为中国有刘翔，亚洲有刘翔！这个风一样的年轻人，他不断超越，永不言败，代表着一个正在加速的民族，他身披国旗，一跃站在世界面前。

袁隆平，他是一位真正的耘耘者。当他还是一个乡村教师的时候，已经具有颠覆世界权威的胆识，当他名满天下的时候，却仍然只是专注于田畴，淡泊名利，一介农夫，播撒智慧，收获富足。他毕生的梦想，就是让所有的人远离饥饿。

霍英东，生于忧患，以自强不息成就人生传奇。用赤诚赢得生前身后名。他有这样的财富观：民族大义高于金钱，赤子之心胜于财富。他有这样的境界：达则兼济天下。

季羡林，智者乐，仁者寿，长者随心所欲。曾经的红衣少年，如今的白发先生，留得十年寒窗苦，牛棚杂忆感慨多。心有良知璞玉，笔下道德文章。一介布衣，言有物，行有格，贫贱不移，宠辱不惊。

黄昆，一生都在科学的世界里探求真谛，一生都在默默地传递着知识的薪火，而对名利的起落，他处之淡然。他不仅以自己严谨和勤奋的科学态度在科学的领域里为人类的进步做出卓越的贡献，更以淡泊名利和率真的人生态度诠释了一个科学家的人格本质。

心怀国事、情系民生的那棵树怎不让我心生敬意！发展成果让全体人民共享的那棵树，怎不让我心生感动！从国富、民富到提高老百姓"幸福指数"的那棵树，怎不让我胸怀感恩！

作为华夏子孙的他、你、我，理当毅然、决然而欣然地沿着那棵树的足迹。追寻其梦想，用自己不懈的努力去实现对党和人民的庄严誓言而奋勇前行吧！

2011.9

向那棵树道歉

当我路过文昌公园时，我眼见着树皮被刮，丫枝被折。我没有主动地修复，没有主动地更换；我眼见着残枝败叶，茎佝干偻，我没有热情地呵护，没有热情地搀扶；我未尽其绿化环境之责任而深感内疚。于是乎，我当以向那棵树道歉呵！

当我穿梭于印江城内大街小巷时，我眼见着垃圾箱被毁了，休憩凳被砸了，我没有及时地报告，没有及时地维修；我眼见着街灯罩坏了，电路线断了，我没有迅速地换上灯罩，没有迅速地连通线路；我未尽其保护环境之责任而深觉汗颜。于是乎，我当以向那棵树道歉呵！

当我往返于人群之间时，我耳听着污言秽语，我没有耐心地劝导，没有耐心地启迪；我耳闻着针砭时弊，揭露腐败，我没有热心地鼓动，没有热心地张扬；我未尽其颂文明之歌、擎廉政之旗之责任而深感愧惭。于是乎，我当以向那棵树道歉呵！

当我漫步于数十载的教坛时，我翻阅着学子们的点横竖撇捺，横折折弯钩时，发现了当折未折当钩未钩，我没有须臾指点，没有片刻纠正；我圈点着学生们 ABCD、SOPQ 时，察觉了当 A 未 A 当 P 未 P，我没有随即校正，没有当场规范；我未尽其严格"双基"训练，播撒智慧种子之责任而深觉羞赧。于是乎，我当以向那棵树道歉呵！

人，应当懂得"忠诚胜于能力，责任重于才干"的道理。忠诚是一丝不苟的责任，忠诚是崇高的义务，天赋责任，不容推卸。负责任的人是成熟的人，自觉是责任感的核心，真正的负责是对结果负责。责任即荣誉。大顺至尊，大略至公，大德至义。只有如斯做人，才能使那棵树根深叶茂，花艳果丰。

2011.9

29

钟鼓楼

文/刘心武　缩写/杨常春

　　粉碎"四人帮"以后出现的一位引人注目的作家。他曾从事中学教学工作 15 年，其中有 10 年担任了班主任。他创作的优秀短篇小说《班主任》曾荣获 1978 年我国优秀短篇小说奖。继此之后，他又陆续创作了《爱情的位置》《没有讲完的一课》《穿米黄大衣的青年》《醒来吧，弟弟》《等待决定》和《钟鼓楼》等小说。

　　1982 年 12 月 12 日，北京钟鼓楼下，一个九户人家的四合院。早五点，里院西屋的薛大娘，郑重撕下今天的日历，她小儿子薛纪跃今天办喜事。

　　路喜纯经人介绍来薛家帮厨。前院南屋住的是京剧女演员澹台智珠，薛大娘想请她跟自己大儿媳孟昭英一起去迎亲。但澹台情绪不佳，刚跟自己当工人的丈夫李铠闹过别扭，又为自己的伴奏可能被"师姐"抢走而犯愁……

　　快 8 点了，预定接新娘的车还没来，薛大娘让丈夫到大门口等候。来了辆小汽车，却是京剧团的小生演员来找澹台商量以"请客"来挽救剧组的事，适逢李铠回来，不欢而散。自然薛家请澹台接亲的事也不成了。住东房的詹丽颖是个热心肠人，但有时帮别人忙也不招人喜欢，她不顾薛大娘反感，自告奋勇同孟昭英登车而去。

　　新娘新郎都是售货员，经人介绍而成。薛家老两口拿出 300 元钱，给新娘买了一块小坤表，新郎把它放在抽屉里。

　　头一个到达的亲友是卢宝桑，他是个搬运工，愚昧又自轻，后来在婚宴上出尽洋相。临近中午，小汽车接来了新娘，作陪的是女方的七姑，这个干巴老太太，扮演的是专"挑礼儿"的角色。其间，北屋某部张局长家来了位客人，是他所在局新任技术情报站站长庞其杉，为的是请将要出国的张局长从国外带回最新科技信息资料。张送走庞后，收到一封寄给本局行政处长傅善读的信。

热心的詹丽颖张罗为自己隔壁的女大夫慕樱介绍对象，却不知离过两次婚的慕樱，正满怀信心地追求一个叫齐壮恩的副部长。

薛家的宴席上来了位不速之客——小流氓姚向东。卢宝桑在婚宴上借酒撒疯，寻衅侮辱路喜纯，姚趁乱偷走抽屉里的小坤表，引起了一场风波……下午，薛家大儿子薛家大儿子薛纪徽赶回家，正赶上母亲与邻居为自来水管上冻的事吵架，纪徽与路喜纯动手烧水管，经过住在耳房的海老太太的劝解，事件才平息。

海老太太的养孙海西宾也来了。在婚宴上遇见他的武术老师殷大爷，殷命他跟定冲出去卢宝桑，访察小坤表的下落。同院荀大爷见义勇为，他垫钱让儿子荀磊另买了块坤表，以解燃眉之急。张局长的女儿暗中爱慕荀磊，但已有女友。作为同龄人，他们宽容地看待这一切。篇末，他们在一起恳谈这一代人的使命和责任。海西宾跟定卢宝桑来到小酒馆。却见卢与李凯正在对饮。原来李赌气离家，澹台顾不上找他，正忙着去找一位剧评家求教并诉说自己的苦衷。

要出国的张局长，焦急地等待机关汽车去机场，偏偏接他的行政处长傅善读姗姗来迟。车上，詹丽颖接到丈夫病重急电后赶到邮局打长途电话……慕樱则打扮齐整，勇敢地找齐壮思……薛家老两口和薛纪徽夫妇，满怀感激地送走尽心帮忙又受了委屈的路喜纯……

钟鼓楼巍然屹立，它作为时间流逝和社会历史、个人命运的见证而永存。

（本文刊载于 1997 年 7 月 3 日《中国语文报》）

文化的力量

　　文化，既是人类在社会历史发展过程中所创造的物质财富和精神财富的总和，特指精神财富，如文学、艺术、教育、科学等，又是考古用语，指同一历史时期的不以地点为转移的遗迹、遗物的综合体。同样的工具用具，同样的制造技术等，是同一种文化的特征，如仰韶文化、龙山文化，还指运用文字的能力及一般知识，如学习文化，文化水平。文化，用一句简单的话来概括就是习性，是特定人群普遍自觉的观念和方式。

　　每逢春节来临之际，人们都想回家，因为春节就要全家团圆。这种对春节普遍认同的观念和方式就是文化。这样一种统一的行动，不用号召，不用法律规定，为什么可以成为一种自觉？这就是中国几千年的传统文化使然。所以我们说，文化是一种看不见的力量，是一只看不见的巨手，文化决定着人们的价值观，左右着人们的行动。

　　不同的文化思维，导致各个国家的不同的经济发展水平，导致各级各类学校的教育教学的质量，导致各类人群的不同追求方向和目标。中国共产党始终代表先进文化的前进方向，这种先进文化总是给人以无穷的精神力量，鼓舞着一代又一代中华民族优秀儿女，谱写一曲又一曲威武雄壮的人生乐章。

　　文化启智，文化为魂。文化是一个组织，一个国家的灵魂，也是一个部门的软实力的体现。丰富文化的内涵，提升文化的品位，必须要从每一个人的素质抓起。作为学校更拥有一种责无旁贷、义不容辞的天职。用文化开启心智，启迪思想，以文化的方式思考如何在喧嚣浮躁的年代每个人。教师认真钻研教材，学生刻苦品读知识，用行动去膜拜文化，让文化在潜意识中慢慢回归自我。

　　文化需要创意，更需要管理。文化领导力的战略性思维会决定一个学校的使命。文化的制度层次设计会使战略的落地成为必然。文化能让人拥有灵魂，更能使人领悟到自己非但是一位"知识人"和"经济人"，更是一位"社会人"。

文化力量的大小体现在每个人的规则制定与完善方面。规则越科学越完善，越能决定人灵魂的健康与存活的时间。

　　教育是根，文化是魂。学校教育必须从内容到形式，从方法到技巧，下真功夫，持之以恒毫不放松引领受教育对象——我们的学生群体懂得"文以载道"的道理，抓好书法和民族摆手舞等地方特色课程的开发和实施，以实现跨越文化交流与文化研究的目的。让每一位学生在实现自己的人生价值过程中彰显其文化的力量，用每一位学生实践证明其文化的力量，以每一位学生的未来事业的蓬勃发展后续其文化的力量。

文昌追梦进行时

即将过去的一学年，印中紧紧围绕"十二五"发展规划，将"升类"列为工作的重中之重，落实县委县政府的决策部署，全校师生员工奋力攻坚，凝心聚力，不断开创学校持续发展的新局面。在追梦的大道上，印中人用汗水与智慧将梦想演绎成现实美景。

将时间回转到六年前，印中人意气风发，敢为人先，成功申创省级三类示范性普通高中，成为继铜仁一中、思南中学之后的首批省级示范性普通高中。然而，永不自满的印中人，将成绩视为过去，站在新的起点上又开始新的征程。

这些年来，在县委县政府和各级教育主管部门的亲切关怀和高度重视下，我们印中人用心血绘制成了"省级二类示范性普通高中"的蓝图，用汗水浇铸成了"省级二类示范性普通高中"的里程碑。印中从省级三类示范性普通高中升为二类，仅仅是追梦之旅的阶段性目标。

印中人正在思考着——学校怎样才能持续稳步前进，怎样才能完美打造"质量印中、特色印中、活力印中、和谐印中、人文印中""弘扬民族传统文化，依仁启智厚德树人"。印中人清楚地知道——前进与落后的差异——不在制度而在文化，不在方法而在观念，不在设想而在行动。学校品牌的形成不是靠制度的约束，而是靠文化的浸润。学校文化必须集"教育、教学、科研、后勤"于一体，树立科学、理性的工作态度而共同创建。印中人敏感地意识到——"工欲善其事，必先利其器"，务必着力坚持抓"备课、教学、辅导、批改、教研、考评、反思"等常态教学评价。印中人敏锐地感悟到——认真做好每一件事情，让品位在细节中兑现"走进来你是印中的主人，走出去你是印中的形象"的诺言。印中人认真地不断在反思——校兴我荣，校衰我耻。印中人懂得捍卫并创造荣誉是自己的使命。

有梦才有动力，有梦才有魄力，有梦才有魅力，有梦就有希望。我们全力构建印中教育梦，我们衷心希冀更上一层楼。

用心打造刊物，倾情奉献师生

办好一本刊物，重要的是要"用心"：唯有"用心"，刊物才会有声有色，有质量，有品位，有魅力，也才会有人缘，有生命力，有读者朋友。

新时期、新阶段，社会现实发生了巨大变化，媒体格局发生了巨大变化，受众的媒介素养和接受心理也发生了巨大变化；但我校《文昌》刊物的性质宗旨没有变，党的教育舆论阵地的职能没有变，《文昌》校刊联系师生之桥梁的定位没有变。适应这些"变"与"不变"，争创同类校刊的领先行列，这对我们编辑出版工作者提出了更高要求。

要更好地履行《文昌》校刊之使命，赢得读者受众，唯有更加"用心"，别无他途可求。

"用心"办刊物。首先要体现在"定位要准"上，定位是刊物的灵魂。《文昌》季刊的定位，学校党委书记、校长祝正君在创刊卷首语中已明确说明：即教育科研。要精心打造印中教师教育科研平台，展示教师教育科研成果，以期成为学校之间交流的桥梁、分享的园地。各编辑同仁要以此为宗旨，认真选编教师最新最好的教学科研成果，推动教师专业发展，提升教师专业素养，为名师辈出做出不懈努力。

"用心"办刊物，其次要体现在"品位要高"上。当今时代，电子媒体异军突起，受众阅读分众化、碎片化现象严重，要想在林林总总的期刊市场上办好一份业务刊，必须努力提高刊物的"品位"。作为学校教育教学研究刊物，本刊将以促进教师专业发展为根本任务，以改革创新践行新课标为动力，以"理论联系实际，研究指导实践"为基本定位。"用心"提高刊物的"理论品位"——在推进理论大众化中铺设党的教育创新理论走向大众的桥梁；"用心"提高刊物的"文化品位"——在文以载道、文化人中丰富读者精神文化生活；"用心"提高刊物的"思想品位"——在直面社会关切中选题说理、解疑释惑，引导师生关乎教育新发展、新动向、新前景。

"用心"办刊物，再次要体现在"感情要真"上。"用心"不"用心"，关键看"真情"。作为一份校刊，要始终坚守大众立场，树立心系教育、服务师生的情怀，进一步坚持思想上紧跟时代，感情上贴近教师，拜教师为师，向教师学习，带着真心实意走基层、转作风、改文风，带着真情实感阐释党的教育方针政策理论，反映"办好人民满意教育，关键在于高素质的教师"的主题。

　　"用心"办刊物，最后要体现在"作风要严"上。严谨的编审作风是出版高质量读物的保证。邹韬奋、叶圣陶等老一辈编辑出版家严谨求精的编辑作风，给我们所有干编辑工作活的人树立了光辉榜样；本刊将以他们为楷模，大力开展"加强编辑修养、改善编辑作风"活动，大力倡导"三净"编辑业务法——先净室、再净手、后净心，静下心来。怀抱着虔诚，精心策划每一个栏目，精心编辑每一篇文稿，精心编排每一个版面，精心出版每一期《文昌》刊物，倾情奉献全体师生。

抓教育教学质量就是抓学校持续性发展

质量犹如试金石，她可掂量出事物的价值取向；

质量如同方向盘，她可引航出旅游者前行去处；

质量宛若温度计，她可测试出物体的健康表征；

质量仿佛精气神，她可提振出人的心灵正能量。

质量，包含着物质与精神。学校是育人的场所，更偏重于精神的质量。因为人们拥有了知识，拥有了智慧，拥有了才干，所以将来以知识、以智慧、以才干为准服务、怎样服务、为啥服务等问题，理当归属于精神质量的探究、整合与提升的问题。作为教师是育人的先驱者，韩愈曾说："师者，所以传道授业解惑也"。教师的知识才能与灵魂质量或优劣或高低或好坏，影响与决定着受教育者与学校发展的前程。这个不容忽视，这个不容怠慢，这个不容鄙夷。当然，如何提振教师资源？如何最大化地发挥教师作用？如何产生亲和力而和谐地持久发展？这个在一定意义上讲，校长是关键，校长是班长，校长是领军人物。一个学校要做到招之即来，来之即战，战之能胜！这个，一方面靠校长的魅力，一方面靠校长的智慧，一方面靠广大师生的凝聚力和精气神。试想，校长做不到身先士卒，做不到以身作则，做不到率先垂范，做不到身体力行，做不到打铁自身硬，学校的教育教学质量能深入持久地发展吗？

学校的教育教学质量要持续地提升，就必须要有一个优秀的能理论、精业务、善管理、接地气的领导集体。只有在这样的一个强磁场影响下，才能吸引周围的人群，同舟共济，同呼吸共命运，生死患难；上下一致，通力合作，心往一处想，劲朝一处使，汗往一处流。只有在这样的一个和睦相处的大集体中，学生才会自然亲近领导，亲近老师，能群善友，自主研究，挖掘智能，开采潜力。只要我们大家共同地去拼搏去创新，就一定会有常鲜活常艳丽的花朵绽放于世人眼前，就一定会有更加美好璀璨的春天永驻人间，就一定会让人情不自禁地说：我来到这个世界是精彩的一生，死而无憾！

（刊载于2013年6月《中国教研交流》）

我们向着春天出发

"凡是到达了的地方，都属于昨天。"这句话正好说明我们学校实现了申创省级二类示范性高中的夙愿，这句话恰好昭示着我们学校向着春天出发。

没有追求的学校是没有希望的学校；没有拼搏的学校是没有旋律的学校；没有跨越的学校是没有前途的学校。一所学校能走多远？不要去盘问双脚，而应当追寻每一个立足于学校发展的人的志向；一所学校能攀多高？不要追寻双手而应当叩问每一个立足于学校发展的人的意志。倘若凡是立足于学校发展的每一位教职员工都能拥有志向与意志的话，那么学校的发展才会变得精彩而生动，丰富而完美。

但是，我们必须知道，大山有坎坷，大海有波涛，大漠有风沙，森林有猛兽，即便如此，我们依旧执着向春天出发！

因为，我们可以到大山那儿学习深刻，在大海那儿学习勇敢，从大漠那儿学习沉着，去森林那儿去学习机敏。我们全都是为了学着品味一种五彩缤纷、绚丽多姿的人生！

我们向着春天出发的步伐——

一是着力整顿校风校纪，从细处着手，从小事抓起，从我做起；二是实行全封闭式的教育教学管理，严格规范学生的日常行为，紧抓学生的养成教育；三是加强教师教学业务的培训与指导、监督与检查，切实努力提高教育教学质量。

春天正邀请着我们。她昭示着我们必须有一个未来的目标，那就请春天允许为我们备下最美的道具。让我们在党中央国务院的正确指引下，昂首阔步前进吧！

文昌阁赋

茫茫九派流中国，沉沉一线穿南北。梵净山下，素拥坚毅之民；极目苍穹，云卷云舒，激荡神州，潮落潮涨，印江河畔，自有文昌阁巍然屹立。

印江文化繁荣昌盛的象征体——文昌阁，始建于清末嘉庆年间，迄今已逾三百年。历史悠久，驰名黔东。楼层由三变四再为七，几经修葺，历经沧桑，荡涤风尘，光泽后世。文昌阁形貌依旧不凡，阁高38.27米，六棱八角，层层有楹联与横批，幅幅珠连妙语，横生妙趣。相传有一学政大人耳闻印江"文风鼎盛"，便专程来印江考察，当时有诸学子亲陪学政大人步入文昌阁境地。学政大人目睹文昌阁气势宏伟，做工特细，欣然吟出上联：宝塔七层，四方六棱八角，且命几个童生续出下联。童生们面面相觑，无言可对，一个个朝胸脯拍一下，转身而离去了。学政大人见童生们未能对上，面容失色地说：这哪谈得上"文风鼎盛"呀！次日，学政又与戴锡之提及此事。锡之思忖，总觉这丢了故乡人脸。于是巧言答道："他们对上了"。学政大人反觉奇怪，何言对上？锡之曰：童生见大人位尊识博，他们未与之直言，惟拱手"哑对"而已。他们对的正是：平胸一掌，五指二短三长。顷刻，学政大人连声赞叹：了不起！了不起！锡之于学政一席对话，非但拾起了面子，而且"文风鼎盛"从此久远不衰。

红色印江，文脉承传，弦歌不绝。艺界书法名人严寅亮题写"颐和园"倍受慈禧嘉许；从戎作家思基才华横溢，洋洋千言，卷卷大作问世；依仁书院，数百年学府，养育了邛江士子，垂范不断。寅亮、思基、学超等皆当世鸿儒；戎马政坛将相，以冉少波、戴秉国为代表，俱一时俊杰。

时迁境变，日异月殊。文昌阁下之学府——印江民族中学，历经风雨，饱尝沧桑。七十多年弹指间，几度鏖战练真金，现已成为了省级普通高级中学示范性学校。高楼林立，西桥飞架；秀丽校园，朝气蓬勃；师生拼搏，业绩喜人。积极向上的印中，青春洋溢；健康富强的印中，潇洒迷人。和谐印中，正涌大势，拙笔难绘无限风光，短赋不穷丰富内涵。

邛江西去意悠悠，千载光阴付碧流。多少辉煌成往事，还将壮志写春秋。

文昌阁，您永远伴随印江教育发展的足迹，你永远见证印江教育发展的辉煌，您永远激励印江后人，昂首的步伐。

失败的喜悦

教室里除了"沙沙"的答卷声，再也听不到别的声响了。

监考老师凝视着。

这是一场数学选拔赛考试。

"我不能再败给她了。"我出征前就这样暗下了决心。

天气有些炎热，我把手表取下轻放在课桌上。

"嘀嗒，嘀嗒"的钟表声仿佛钢针似的刺着我的耳膜，令我原本十分镇静的心有点儿紧张起来。当我答第五道题时，顷刻茫然发慌了，因为寻不着第一步解题思路了，乍眼一看这题 20 分啊！心想：若拿不下这道题，这招棋又输定了。此刻心急如焚的我急中生智，我斜视一下监考老师仿佛不在乎我，我又转头瞟了一眼名叫楠的她正在做这道题，手里的笔在试卷上流利地划过，好像向我示威似的。其实，我也看出她正看着一本什么书。我忽然灵机动了一下，手也随即拿出了抽屉里的笔记本。

"嘀嗒"的钟声不停地响着，"沙沙"的答卷声也愈加急促，仿佛室内温度邃然升高了三十度，脸上的汗珠一颗接着一颗滚下，这汗珠就像一场雨似的下过不停。

心里总想把试卷答得尽人意而极力填满空白。晶莹的汗珠滋润着自己的心，我便开始陶醉起来了。没想到放回笔记本时，不小心"呼"的一声掉在了地上。刹那间，这声音犹如巨雷轰鸣震撼了我方才那沉迷不醒的心。监考老师向我投来一束针一般的光，刺得我身子缩成了一团，但我豁然明亮了起来：

"不，哪能这样考虚假的成绩呀！"我责备着。我顺势将抄袭那道含金量高的占有二十分的题三下两下划去了。

这一"划"，动作干脆利落。划去了自己脸上的尘灰；划去了虚伪的面纱；划去了心灵的肮脏；划去了行为的卑鄙。这一"划"，划开了心中凝冻的乌云；划破了那扇挡住阳光的窗户；划出了"生命不可能从谎言中开出灿烂的花朵"的哲理。

我再也不在乎与楠的考分多寡了，但我非常在乎自己终于洗刷了积久的尘埃。

永远的激励

——吴学超先生返乡讲学侧记

风啸啸，雨淋淋，云淡淡，雾沉沉。

人生似风似雨似云似雾；

山巍巍，水潺潺，花艳艳，草青青。

人生如山如水如花如草；

日晖晖，月朦朦，星灿灿，斗晶晶。

生若日若月若星若斗。

印江小毛寨，山青水秀，人杰地灵，土肥壤沃，孕育出一栋枝繁叶茂的科学之树，输送出了一名德高望重的太空泰斗，铸造了一位功成名就的行星巨擘。这株科学之树就是吴学超先生，这名太空泰斗就是吴学超博士，这位行星巨擘就是吴学超学者。

斗转星移，时节不居，弹指挥间，岁月如流。吴学超先生阔别故里业已半个多世纪。他虽定居异国，成了美籍华人，但心怀桑梓未忘后生学子，曾两度忙里抽闲，仆仆风尘携家人返乡省亲讲学。他的人格魅力与精湛学术却给我们巨大的鼓舞。

他的讲学也便成了我们的永远的激励。

他的第一次讲学是在1997年。他的到来，是我们仰盼已久的夙愿。昔日，我们只是闻其名而未睹其人。当先生携妻女一同步入讲台时，他那风度翩翩、神采奕奕的形象一下子令师生敬佩得五体投地。先生普通话十分流利，随后返璞归真自然说起了土家话，乡音未改的语调更让人震撼万分。先生述说平生事时，用了"你行我也行，他能我更能"一句平淡见奇的语言，惊醒了我们沉睡的大脑。特别是先生讲到自己孩提时穿的裤裆破了的下装，女孩们追逐嬉笑的故事，足见先生语言之幽默而风趣，先生讲到求学道路凭着自己刻苦拼搏领取一份又一份、一起又一起奖学金时，我们倾刻投向的是一双双羡慕的眼睛。随即先生当场宣布在印中设立一个奖学基金会，用自己的薪水来奖励应届高考文理科各前五名学子。

讲学时间虽才百余分钟，但先生破釜沉舟与卧薪尝胆的惊人事迹，成了我们永远的激励。

先生的第二次讲学，则是我校六十周年校庆的前夕，即1999年的阳春三月。那时先生高龄已逾古稀，但依旧未减当年神韵。此次讲学，先生述说了自己豁然旷达、乐观心情与老有所为的不懈执着追求的思想与精神。尤其是先生之女儿，也自我讲述了分别致力于艾滋病等科学领域的研究情况。可见先生的教子有方，也给我们全体教师提出了重大而深远的课题。这一次同样是给了我们永远的激励。

时至今日，欣悉先生在耄耋之年将自己的智慧人生结集发行，我们倍感高兴，欲借此之机，略述我们学校在县委、县政府和全县人民的大力支持下，以及在校长田茂昌同志与全体师生的通力合作下，学校持续发展、健康成长为省级示范性高级中学的一点感悟。这一进步无疑也是在先生："你行我也行，他能我更能"的激励下取得的。仅以短诗答谢之。

风清清，日丽丽，水悠悠，情长长。

山高高，云蔚蔚，树茂茂，意浓浓。

人生是杯酒兮焕发精神，

人生是杯茶兮沁人心脾。

2007.7

二　科研课题

推行快速作文教学

——研究实验工作总结

当今社会各行各业都在发生日新月异的变化，信息时代更是集中体现在"快"字上，语言的书面表达也就愈加显得更重要了。快速写作成了工作中的首要任务，它肩负着人们交流思想、抒发感情和发表见解的一种载体使命。近年来，我校在全国快速作文教学研究中心的理论指导下，在该项工作专家们的言传身教影响下，通过我组全体同志的苦心经营，我们的工作总算迈出了一大步，并且业已初见成效。为了使这项工作全面健康发展，更加出成果，我们特作如下总结：

一、领导具有远见卓识，高度重视教研工作

我校校长田茂昌同志，他本身就是一位特级教师，虽然是数学专业，但他十分青睐语文学科，尤其注重写作品位。因此，我组拟定快速写作研究课题时，得到了他及全体行政人员的大力支持，无论在人物财力上都充分体现了关注。在教代会上的报告中，校长把研究性学习提到了十分重要的议程，倡导和鼓励老师们要从教学型转化为研究型。他还提出"433"的办学理念，全面阐述了"教研兴校，质量强校"的治校原理。校长的高瞻远瞩的确让人钦佩万分，也成了我们开展教研工作的强大驱动力。使我们语文教研工作既有了方向也有了压力。我们也将快速作文教学研究视为支柱性项目。

教科室主任尹显聘同志亲自在抓全校科研工作的同时，也十分关心语文教研工作。该室拟订了一系列规范章程和奖励办法，大大激发了广大教师的教研工作积极性，学术氛围愈来愈浓厚。

二、研究机构健全，运作有梯度有目标

我校是一所地级示范性高级中学，共有48个教学班、1000余学生。语文教师26人，其中高级教师4人，中级4人，初级18人。本科24人，专科2人，男17人，女9人。就教师职称而言，由于我县的职数控制非常严格，因而导致了部分教师具备中高级条件而未能如期被评聘，但我们的教师当中酷爱和擅长写作者的确不少，有的非但能写出高质量的文章，而且走笔疾书是家常便饭。教研组长杨常春同志不愧高级教师之职称，他常在省地国家级刊物上发表文章，在他的具体策划下，我们的快速作文教学研究机构是：

课题组长由杨常春同志担任，在全面负责本组教研工作的前提下，主要力抓高中个性化写作教学研究，先从高三年级开始实验，其原因是为了尽快直接为高考服务，力图立竿见影，搞短兵相接运动。本年级任课教师均为成员，协同作战。我们首先采用了著名特级教师杨初春撰写的《快速作文七十二例》一书，其次发挥《语文教学通讯》2004年第七八期合刊专辑作用。本刊内容共分总论和24章。我们是系统地分步传授指导学生习作的。高一二年级为阅读教学研究组，组长由唐汉勇同志担任，其余任课教师作为成员。

唐老师经验丰富，治学治教十分严谨。阅读是写作的前提与基础，我们这样做的初衷就是让高一、高二年级的学生培养良好的语言能力，有良好的语言感受能力，教会他们怎样去进行文化积淀、储备知识、捕捉生活信息。我们主要发挥教材作用，辅以《阅读与写作》杂志开启思想，逐步将写作技巧熟练化，然后加速行文，提高时效和文章质量。

事实表明，我们的高一、高二学生阅读能力提高较大，分析问题的能力也较强；他们拿到一篇未学过的文章基本能做到瞬息捕捉主要信息，把握其精髓；高三年级学生在45分钟内完成千字文也成了习惯，而且质量也不赖。

三、尝到甜头，乘胜前进

机遇是成功的起点。当接到全国　第六届快速作文教学研讨会通知时，我们信心百倍，因为我们已成功地走出了第一步，师生尝到其中的甜味儿。我

们在快速作文教学研究上狠下了功夫，在吸取他人之长、补己之短的基础上，我们力主提倡"一文只评一点"的法子，积极发现学生习作中的哪怕微不足道的闪光点，都及时充分肯定。我们采取了课内与课外相结合的教学措施，带领学生到一些部门去采访，或去领略自然风光，或集体拉练等。形式多样，殊途同归，都是为了营造一种有利于学生个性写作的条件，拓展思维领域，启迪思维方法，运用写作技巧，锤炼语言表达功力。到目前为止，学生对写作已产生浓厚的兴趣；有的主动参与校内外作文大赛，获奖人数近千人次；有的积极投稿，见诸报刊也不少于100余文。校刊稿件源源不绝，情文并茂者不胜枚举。

我们将乘着这股良好势头，拟于下步全面推开，全校师生都去朝着快速作文这块肥沃的土地开垦。让我校师生在文坛上涌现出更多的写作新秀，让广大学生放飞理想，拿着一支神奇的笔写出最新最美的文章。让他们勇敢地接过先贤者的文学巨笔，将祖国河山和建设事业描绘得更加灿烂动人，让"锦上添花"的赞语，永远成为我们国度的骄傲。

尽管我们的研究工作蓓蕾初绽，但要这朵快速作文的奇葩与兄弟学校竞相开放得鲜艳美丽，我们与之相比而深感汗颜。我们又深信，有全国快速作文教学研究中心的专家们不吝指点迷津，加上我们的刻苦打造，只要我们用心去铸就，快速作文枝繁花艳在我校是为期不远。

《高中新课程语文个性化教学实验研究》实施方案

贵州省印江民族中学新课程语文个性化教学实验研究课题组

为了积极响应全国教育科学"十五"规划总课题组提出的课改号召，为了全面改善中学语文教学环境，我们理当主动地推开语文天地的大门，让每个学生均能在语文世界尽情驰骋尽情发挥、尽情张扬个性，以沿着教育改革的步伐，昂首阔步地走向新的语文境界，而展示语文学科应有的艺术魅力，以真正实现提高民族素质的美好愿望，我校语文教研组特拟出两个子课题研究作为改善语文教学的突破口。其子课题及实施方案如下：

一、子课题名称

(1) 高中语文个性化阅读教学研究；
(2) 高中语文个性化写作教学研究。

二、课题组研究人员

(1) 高中个性化写作教学实验研究组组长：杨常春；
成员：冉隆前、田兴军、任达杰、严天慧。
(2) 高中个性化阅读教学实验研究组组长：唐汉勇；
成员：尹显聘、戴印华、戴秉武、任廷禄。

三、子课题实验研究内容及实施方案

1. 个性化写作实验研究内容

(1) 感受与思考；(2) 想象与联想；(3) 个性与创新；(4) 写出人物的个性；(5) 写出事件的波澜；(6) 议论要有理有据；(7) 作点辩证分析；(8) 条理清楚地说明事物；(9) 生动形象地说明事物；(10) 散文；(11) 诗歌；(12) 小小说；(13) 寓言故事；(14) 札记·随笔；(15) 综述；(16) 科学小品；(17) 自

然科学小论文；（18）社会生活评论；（19）立意与选材；（20）思路与结构；（21）文体与文风；（22）本色与文采。

2. 实施方案

第一阶段（第一学年）：指导完成第 1～9 项写作内容；写作 14 次训练。

第二阶段（第二学年）：指导完成第 10～15 项写作内容；写作 18 次训练。

第三阶段（第三学年）：指导完成第 16～22 项写作内容；写作 22 次训练。

3. 个性化阅读实验研究内容

（1）筛选词语信息与训练；

（2）筛选语句信息；

（3）概括阐发信息；

（4）辨别、归纳和分析文中的信息；

（5）科技类文章的阅读与训练：

①确切认定语句在文中的含义；

②正确领会语句的表达意义及特定含义；

③辨别和筛选文中的重要信息；

④把握分析作者的观点。

（6）社科类文章阅读与训练：

①试题稳定性；②内容陌生性；

③文体规范性；④设题整体性；

⑤答案唯一性；⑥思路确切性。

（7）文言文阅读与训练：

①文言实词；②文言虚词；③文言句式

（8）把握要点训练：

①阅读测度的基本要求；

②练好把握阅读材料要点的基本功；

③特殊情况特殊处理——文学作品的阅读；

④基础性能力训练；

⑤能力养成性训练。

4. 个性化阅读实验研究实施方案

第一阶段（第一学年）：指导完成记叙文阅读与训练；

第二阶段（第二学年）：指导完成科技说明文阅读与训练；

第三阶段（第三学年）：社科类及语文阅读与训练。

四、个性化语文实验研究评价

(1) 每学期进行一次总体验收，搜集学生个体进步材料，然后写出总结材料；

(2) 每学年进行一次阶段性验收，逐项抽样检验学生所达到的水准；

(3) 作好相关准备工作，或主动或被动地接受上级主管部门的检验；

(4) 写作个案分析或专题论证报告；

(5) 编辑出版《印江民族中学学生优秀作文集》。

2004.9

《高中语文个性化教学研究与实验》

——课题总结与结题报告

贵州印江民族中学语文教研组

我们于 2004 年 8 月向中央教科所《新课标背景下高中语文个性教学研究与实验》总课题组申请立项。在总课题组的悉心指导下，我们经过历时三年的积极研究探索，大胆实践，完成了各项研究任务，基本上达到了课题研究预期目标。现将实验研究情况总结与结题报告如下：

一、课题研究与实验的提出

在新课程改革的过程中，我们充分认识到教研工作越来越显得重要了。我组全体教师面临着一个共同的问题——如何理解把握新课程的精神实质，改变教学方式，落实课程改革的各项目标。由此提出了高中语文个性化教学研究与实验课题，同时还提出了高中语文导读导写和个性化作文等课题。

二、课题组机构的成立

在学校教学工作总体布局下，在教科室的具体指导下，我们所申请立项得到了中央教科所批复后，并迅速成立该课题机。具体情况如下：

课题组组长由教研组长杨常春同志承担，副组长由唐汉勇同志承担；成员有：杨文静、任达杰、尹显聃、冉隆乾、戴秉武、杨继昌、龚艳、熊开华、田兴军、林华、施毅敏、彭周杭、阙万松、任胡勇、任明霞、柳仁华、田志强、陈松、杨珈瑜、代华强、戴印华、张祖荣、罗亨华、任廷禄、蒋智慧。

三、课题研究与实验的意义

通过个性化研究，培植师生的个性优势，分离出优秀的师生成长经验，发现师生成长的规律。

通过个性化研究，提升教师的专业理论水平，营造浓郁的学术氛围。

通过个性研究，培养学生看中自我，发展自我的优秀品质。

通过个性化研究，促进课程改革，提高教育教学质量，培养具有个性化的人才。

四、课题研究的指导思想与原则

我们的研究是以科学发展观和新的教育理念为指导，以教育学、心理学理论为基础。在进行个性化语文教研的同时，着力进行师生参与研究意识与习惯的培养，从而提升教师业务能力和学生的人文素质。

五、研究内容与方法

本课题研究内容为：

1. 对现行高中各年级语文课本深层次发掘，系统分类搜集、整理、学习、分析及其应用研究。

2. 在课前认真开展"同伴互助"的研究性活动，最大限度地发挥教师个性化教学风格作用，以此感染、熏陶、影响受教育对象，让他们生存于个性而成长个性。

3. 在课堂教学中，充分调动师生互动积极性，本着"以学生为主体，教师为主导"原则而努力付诸实践。

4. 重视教学案例的撰写，发挥语文专业引领学术理论的作用。

六、研究步骤

(一)2004 年 9 月 1 日～9 月 30 日为准备阶段

向总课题组提出了课题实验研究申请，组建课题组织。课题组认真学习总课题组有关文件。根据我组实际，制定《高中语文个性教学研究实验》课题实施方案，并分解研究任务，分工落实到具体人员，建立健全各种课题研究制定。

（二）2004 年 10 月 1 日～2006 年 11 月 30 日为实施阶段

在研究实施阶段，课题组召开课题开题会一次，培训会二次，集体理论学五次。阶段性总结会议两次，案例交流活动两次，课题总结会一次。

（三）2006 年 12 月～2007 年 4 月 22 日为总结阶段

从 12 月 8 日开始，我课题组进行档案整理和课题总结工作。一是按内容建立六种档案，即"总课题组文件档案"、"课题组活动档案"、"科研活动记录档案"、"科研成果档案"、"教学案例档案"、"精品案例档案"；二是对三年课题研究工作进行全面回顾总结，撰写课题研究总结与结题报告。

七、研究成果及成果转化

（一）取得的成绩

1. 实现了教研方式的转变。

2. 提高了语文教师的专业引领能力。

3. 扩大了单位影响，受到学校领导与上级业务部门的重视。

4. 拓展了语文教研领域。

5. 规范了语文教研流程。

6. 提高了学生的人文素质。

（二）课题研究成果

三年来，课题组的论文，有些在省级以上刊物上发表；有些在地区内发表与交流；有学生作品专集在校内交流；有数十人学生作文获地级以上竞赛一、二、三等奖。

（三）研究成果转化

研究成果的推广就是课题研究的目的，也是课题研究的归宿。课题研究的目的在于认识教育现象及其规律，进而指导教育实践。教育教学研究成果只有在教育教学实践推广中，才能体现出它的真正价值。我课题组在研究成果转化方面做了以下工作。

1. 通过总课题组的成果发布会进行宣传和推广。

2. 课题组采取边研究、边分析、边总结、边传播的研究方式及时进行成果转化。

3. 结题不结研。继续深化"高中语文个性化教学研究实验"，将此研究作为校本教研的一项常规工作，常抓不懈。

4. 我组将一如既往地与中央教科所保持正常的业务关系，虔诚接受中央教科所的指导，甘洒血汗，浇植"教研"这朵奇葩。

《高中语文探究与合作性学习教学实验研究》

——课题设计论证

课题的界定

所谓探究性、合作性学习，就是学生在教师指导下，从自然和生活中选择和确定专题进行研究，并在研究过程中主动获取知识、应用知识解决问题的学习活动。换言之，探究性、合作性学习，就是学生通过研究进行学习的过程，亦称为研究性学习、解决学习、发展学习或互助愉快型学习。

这是一种学习方式，所依赖的环境和条件主要不是教师、书本和课堂。教师或其他成人不应该、也不需要把现成的结论直接教给学生，而是帮助学生自己去发现问题、探究问题，让学生在自主研究和合作实践中增长知识，提高能力以及获得亲身的、直接的体验与感悟。

课题的背景

教育部在《全日制普通高级中学课程计划试验修订稿》学科教学大纲中，给出了各学科研究性学习的题目，又在综合实践活动课程中，把探究性、合作性学习作为必修的活动课程。这就是表明了不仅是一般意义上的课程计划的变动，而是课程效率史上的重大战略调整。

在知识经济时代，传统传授知识的模式受到极大挑战。当今学生最需要掌握那些包含面广、迁移性强、概括度高的核心知识。其中有些知识仅凭言语传授是不够的，必须活化课本知识，在主动选择、整合、转换、操作的过程中，强化以创造性思维为主体的认知过程，从而实现教育效果质的飞跃。探究性与合作性学习课程适应了这种教育要求，可谓应时而生。我们也正是鉴于此情、此况，而毅然提出了"高中语文探究与合作性学习教学实验研究"这一课题。

课题的研究价值

学习的探究是在于提升创造性方法，合作性学习而在于拓展创造性思维方法。知识经济时代更需要教师育出一大批能够自我开发"大脑金课题的研究价值

学习的探究是在于提升创造性方法，合作性学习而在于拓展创造性思维方法。知识经济时代更需要教师育出一大批能够自我开发"大脑金矿"的学生。照此下去，我们的教育即将孕育出丰富创新、智慧智能之矿的伟大事业，我们之所以要开出这样一个课题，其价值全在于实现知识创新，并在创新竞争中取胜。

伟人之所以为伟人，盖缘他们在理解、探索和改造世界的风格上，取得人类智慧，拥抱科学文明进而创造伟业的方法上卓越不凡；善于在学习中创新，勇于在学习中超越前人，最终创造出辉煌业绩和不朽成就。先进的创造性学习方法，使他们从普通人崛起而成为时代伟人，非凡的创新精神和卓越的创造性学习方法，使他们得以在与常人相同长度的人生岁月中，创造出不可磨灭的殊世功业。

探究性与合作性学习是人类发展的永恒主题。

方法的探索是智者的钥匙，学习的合作是成功的利器。

方法，是使人走向成功，走向卓越的艺术。

课题研究的内容

（一）阅读活动

用现实的目光审视历史，让历史成为今人言行的一面镜子，这就是古人所云"以史为鉴"之意。

阅读书目：《红楼梦》《三国演义》《水浒传》《西游记》《战争与和平》《红与黑》《女神》《逍遥游》《歌德谈话录》《莎士比亚全集》《西厢记》等让学生自拟基础题与拓展题。

（二）写作活动

(1) 联想与想象；

(2) 形象与抽象；

(3) 应用文介绍；

(4) 让文章鲜活起来；

(5) 让语言具有文采。

让学生能独立完成专题写作。

（三）口语交际活动

(1) 说明与讲解；

(2) 表白与抒情；

(3) 会话的开头与结尾；

(4) 会话的文体。

（四）综合实践活动

(1) 专题研究：城市精神或农村精神；

(2) 专题研究：传统节日与民俗文化。

课题的重点

从被动式学习飞跃到主动式学习；从模仿式学习飞跃到超越式学习；从静力式学习飞跃到活力式学习；从传承式学习飞跃到创造性学习。

课题研究的目标

1. 普及性培养目标

让每位学生都具备"有目的地选择材料（包括运用网上资源）——分析、归纳、重组材料——形成专题总结类材料汇编或专题综述——针对材料提出自我评价的启示"的能力，进而具备能对他人的评价做出再评价的能力，并在再评价中具有某些新的思想观点或建议，初步具备对不同的评价进行分析，做出能体现自我体验与观点的评判，从中体现批判性思维能力和深化性思辨能力。

2. 发展性培养目标

让更多的学生通过实践与探究，了解并学会科学的资料收集方法，课题调研、分析、总结、思辩的方法，评价方法，协作方法，管理方法，以及创新发展的方法，为今后的发展打下良好的科学素质基础。

3. 特长性发展目标

对少数特长的学生，通过带"研究生"的方法，聘请本校学有所长的教师或校外专家进行研究性的指导与培养，为他们提供定向发展的优越条件，使他们在某些知识与能力方面显著高于一般同龄人，为国家专门人才的培养提供优秀生源。

课题的研究思路、方法与步骤

1. 研究思路

阅读方法与步骤——鉴赏特点与要领——质、析与合作答疑——掌握写作方法与技巧——训练、巩固与提升综合阅读与写作能力。

（1）阅读方法与步骤：读文边读边画。一是获得重要的核心信息；二是注意筛选内容。如标题及体裁、作者及年代；时间、数据及有关资料；作者的思想感情及主旨；语言特点和修辞作用；体现的新思想及独特的风格。

（2）鉴赏特点与要领：散文"形散神聚"。鉴赏重点在体会意境。小说的阅读鉴赏重在人物、情节和环境。诗歌的阅读鉴赏重点在于领悟诗歌的意境。意境是作者强烈的感情与生动的客观事物交融，从而表现出来一种形神兼备的艺术境界，戏剧的阅读鉴赏重在把握其矛盾冲突以及戏剧语言。戏剧语言所包括的两个方面，即台词与舞台文字。

（3）质、析与合作答疑：学贵知疑，知疑贵问师。学习的目的在于能自我发现问题，分析问题与解决问题。即使遇上了不能解答的疑难，则合作解决，集思广益、众志成城。

（4）掌握写作方法与技巧：阅读得再多最终体现在写作上，

写作是语文综合水平的载体。因此，掌握写作方法与技巧势在必行。让学生系统地学会运用写作方法与技巧，为握笔行军于文坛做出必要的准备。

(5) 训练、巩固与提升综合阅读与写作能力，采用每周一次小作文、两周一次大作文和自我随时练笔的形式，以期实现阅读促写作的目的。规范地训练规范的文体，鼓励学生写一点儿创新性作文。

课题研究方法与对象

研究方法：行动研究法、案例研究法、课堂观察法、文献法、经验总结法

(1) 人们常说：心动不如行动。用于阅读与写作能力的培养方面太恰当不过了。因此，我们主张学生自我、自觉、自发、自省、自悟、自思、自勉、自纠、自赏地进行读与写活动。即谓之行动研究法。

(2) 案例研究性：对不同学生的学习状况，与收获的个案、个例进行比较性，鼓励学习，比较性鞭策学习，同中求异、异中寻同、扬长避短、共同进步与提高。

(3) 课堂观察法。课堂如战场，让学生将课堂视之为练功地，又视之为比赛场。既要养成在课堂上自我训练，又要善于观察吸取他人之长处。以人之长补己之短，乐于与勇于查漏补缺。

(4) 文献法：充分利用图书馆和网络媒体资源，学会利用资源与享受资源。

(5) 经验总结法：每位学生必须学会对知识体系的梳理，对知识融化的感悟升华成理论，对理论知识付诸实践。只有善于进行经验总结的人，才能有效地提升自我的人文品质与人文才干，只有不断总结经验的人，才能既有所传承又有所创新。

研究对象：印江民族中学高一至高三学生

课题技术路线或研究步骤

1. 准备阶段：2012 年 3 月～2012 年 7 月

研究教材大纲，学习教材教法，分析学生现状，学习先进教育思想观念，提出课题实验假想，由组长组织成员讨论并制定实验方案。

2. 实施阶段：2013 年 8 月～2014 年 7 月

(1) 实施全面启动，对实验老师的执教班视为实验课题的主要对象。摸清底细、搜集基本素材，做出客观的分析与评价。

（2）对不同年级不同班级分步开展阅读与写作的探究活动，对不同时期、不同内容所实施的过程与结果作全面的记录与分析，凡参与者均必须珍惜自我，打造自我与提升自我。对相关数据与客观现象做出客观的指导分析，为形成科学体系，科学整理与总结该实验情况作好前提准备。

3. 实验总结阶段（2014 年 8 月～ 2015 年 8 月）

（1）系统归类材料，系统分析材料。

（2）科学的理论体系，汇编结集。

（3）撰写调查报告，研究性文章和实验研究性报告、申请结题与毕题。

（4）推广与创新。

完成课题的保障条件

1. 成果

我们于 2006 年 7 月完成了"十五"教育部规划的课题——高中语文个性写作教学实验，2011 年 7 月完成了"十一五"中国教育学会语文专业委员会承担教育部规划总课题的——高中语文创新写作实验研究子课题。

2. 文献

《国家中长期教育改革和发展规划纲要》《高中研究性学习指导用书》《文学作品的阅读与训练》主要参加者的学术背景和人员结构杨常春，55 岁，中共党员，中学高级专业五级，课题组；组长刘爱蓉，44 岁，中学高级，课题组副组长，杨文静，41 岁，中学一级。

课题组成员：

任达杰，33 岁，中学二级，课题组成员

任明霞，32 岁，中学二级，课题组成员

施毅敏，41 岁，中学二级，课题组成员

杨珈瑜，33 岁，中学二级，课题组成员

龚艳，32 岁，中学二级，课题组成员

完成课题的保障条件：

一是学校领导高度重视和热情关心；二是全体参与者积极主动，热衷于研究性工作且均有一定的经验；三是课题成员学历水平均达到本科，且专业技术职务有高、中、初级的结合互补，老中青不同年龄，以新促老，以老带新的优势；四是制定了完善可行的实施方案；五是有较足够的时间和较广阔的空间；六是学校完全提供图书资料、办公设备和负责一切活动经费；七是学校派遣参与者外出考察学习和参加一些学术活动；八是灵活运用研究方法，及时总结经验。

《非构思创新写作研究与实验》

结题报告

中国教育学会中学语文教学专业委员会
"十一五"重点科研课题"创新写作教学研究与实验"
贵州省印江县民族中学子课题

2008年4月，我校成立了《非构思创新写作实验研究》小课题组。该课题是中国教育学会中学语文教学专业委员会"十一五"规划的重点课题。近五年来，在总课题专家们的悉心指导下，我们子课题成员尽职尽责，兢兢业业开展研究工作，心血与汗水均没有白流，该课题研究成果可歌可庆，为全面提升语文教学质量作起到了积极的推动作用。

一、课题研究的几个阶段

我校在2008年4月，就向中语会提出了参加教育部规划的"十一五""创新写作教学实验研究"课题申请书，同年8月获准立项并正式启动该子课题研究工作。

第一阶段：2008年4月～2008年12月，递交立项申请书，获准正式立项并启动。首先是制定了《非构思创新写作实验研究》子课题实施方案，建立健全了领导机构，当时时任校长田茂昌担任组织领导（2011年后由现任校长祝正君同志负责），课题研究组组长由杨常春老师担任，成员有施毅敏、杨文静、任达杰、代华强、彭周杭、田闻鸣等。其次，在课题组组长的指导下具体开展其实验工作。

第二阶段：2009年12月～2012年8月为具体实施过程。一是学习《非构思创新写作教学》子课题理论，树立其研究理念，指导学生习作训练并参加各级各类竞赛活动；教师必须认真总结教学经验，认真剖析案例，形成自己的教学风格和教学理论，成型成文，参加各级各类教学技能与论文比赛，力求在地级以上刊物发表文章，如期按部课题的通知要求参加培训会议。在这一阶段，定期或不定期地向总课题汇报工作开展情况，以便更好地推进《非构思创新写作教学》子课题工作，逐步形成成果，为结题作好充分准备。

第三阶段：2012 年 9 月～2013 年 7 月为课题研究工作全面总结时期。撰写结题申请书，向国家教育部中国教育学会、中学语文教学专业委员会递交，恳请专家鉴定我校开展的"非构思创新写作"子课题研究成果，以期顺利结题。

二、研究目标

1. 课题自身研究目标

非构思创新写作就是让学生快速形成构思，即养成快速行文、知行递变的良好习惯，就是如古人"倚马成文"的状态。将该写作教学坚持下去，其思敏能力必然会提升，语文水平必然会跃上更高更理想的台阶。

2. 学生成长的方向

学生从不爱写作到爱上写作，从不能写到能写，从能写到会写，从慢写到快写，从快速写作到质量写作。一是向高考直通车夺取高分；二是适应社会发展求生存；三是提升自己的人文品位，普遍提高文化涵养素质，做文明之人，干文明之事，扬文化之风。

3. 教师专业发展的目标

语文高效课堂必然靠高素质的语文教师。学生的写作水平高与低，从一定意义上讲，这与教师的写作水平高与低是有着一定关系的。教师对学生的潜移默化的影响作用是不可低估的。由是说来，教师着力理论与实践的结合势在必行，教师必须写出有水平的文章，必须积极参与科研活动，必须撰写科研论文，充分利用课题研究这个平台，发挥教师的"传道授业解惑"之作用。

4. 学校发展目标

以研促教，认真贯彻落实新课题精神，以写作促阅读，酿就一种说、写、读、听一路通的教学局势，让作文教学绽放奇葩，让写作教学美丽印中，让写作教学幸福印江民中全体师生。

三、课题研究的基本内容

（1）严格规范文体训练，尽量杜绝学生出现"非驴非马"的文章。

（2）着力培养学生的观察能力，思维能力和表达能力。

（3）坚持指导学生开展互评习作活动，学会欣赏与评析，提升自己，激励他人。

四、非构思创新写作的探索与实践

子课题组组长杨常春从理论上向实验教师和学生做出指导，让师生弄清其含义，明白非构思创新写作的意义与作用，避免糊涂训练。

"卷里诗书皆锦绣，人间无价是文章"。我们可以从这一古训，知晓一个深刻的道理：那就是我们的祖国是历史悠久的、优秀的、文化文明之邦。由此，我们更应抓住这一优势，抓好非构思创新写作实验课题研究工作。让所有参与师生彻底懂得"非构思创新写作是指运用一整套写作思维操作模型来控制生成文章立意、文章结构、文章材料、文章语言的自觉化写作生长过程"的原理，从而自觉地渗透于教学之中。

(1) 指导学生学会生活。

(2) 指导学生学会积累知识。

(3) 指导学生学会提炼材料。

(4) 指导学生如何打造成品。

方法在课内获得，能力在课外提升。几年的探索与实践，也已证明这一研究过程是没白费的，教师的指导手段越来越灵活了，学生的写作兴趣越来越浓厚了，人文素养质量越来越高了。

五、研究成果

1. 课题研究成果

实验教师的观念日益更新，思维形式既是定势更有变势常变常新，智慧弥加智慧。

2. 学生成果

(1) 学生的写作兴趣普遍浓厚起来了，爱读爱写已成了学生的自觉行为。

(2) 学生的三大能力提高了。即观察能力、思维能力和表达能力。

(3) 学生能规范地写作规范文体文章了。

(4) 学生参赛率达100%，获奖率达80%以上，少部分学生还在县级以上报刊发表文章。

3. 教师发展成果

(1) 在非构思创新作文教学理论上达成了共识，形成了以研促教，以教带研的良好局势，而且常态化、科学化。

(2) 推动了作文教学的改革。过去老是由老师从指导到批改，到评讲，一揽子下课。如今形式变了，内容新了，方法活了，质量高了，作文教学的良好风气蔚为大观了。全体师生心花怒放，拍手称绝。

(3) 实验教师发表30余篇文章，参赛率达100%，获奖达95%，不少教师论文获省级、国家级一二等奖。

4. 学校发展成果

(1) 办起了《印江民族中学校报》；

(2) 办起了印江民族中学《文昌》报刊。

(3) 编制校本教材，如《印江土家族苗族民歌集》。

(4) 汇编了"非构思创新写作研究与实验"课题成果集。

(5) 学校得到上级科研授牌为"实验学校"或"实验基地"。

(6) 为学校成功升省级示范性二类高中奠定了良好基础，付出了汗水、做出了贡献。

课题大事记：

2008年4月申报，7月获准立项"非构思创新写作教学研究与实验"子课题。

2009年7月～2012年12月期，每次参加全国中语会创新写作论文和作文大赛，参赛师生人人获奖。比如2012年7月，我校教师有6个获一等奖，学生有近200人获奖。

2013年1月～5月课题成果总结，申请结题。

1. 文章发表和获奖论文：

杨常春撰写的：

（1）《漫谈语文课堂教学的三项潜意识管理》文发表在《中学语文》第9期上。

（2）《文化与文明》发有表在《中国研交流》2013年第2期刊上。

（3）《鸿门宴》语言艺术赏析发表在《高考招生》2010年第2期刊上。

（4）《语文课堂教学理当绽放美丽奇葩》发表于《中国教研交流》2012年第8期刊。

（5）《语文课堂教学的三美：音美、形美、意美》发表于《语文教学通讯》上。

（6）《抓教育教学质量、就是抓学校持续发展》发表在《中国教研交流》2013第6期刊上。

2. 其他老师撰写的文章在县地级刊上发表，近100篇。

中国教育学会中学语文教学专业委员会
十一五"创新写作教学研究与实验"课题
印江民族中学

《非构思创新写作教学研究与实验》

子课题研究报告
课题（子课题）负责人：杨常春
2013 年 11 月 18 日

一、基本情况

课题（子课题）名称			非构思创新写作教学研究与实验			
实施单位			贵州印江民族中学			
负责人	姓名	杨常春	姓别	男	出生年月	1956.11
	行政职务		专业职称	中学高级教师	学历（学位）	大学本科
	工作单位		贵州印江民族中学		邮编	555200
	联系方式	电话			电子信箱	yjmzzxwcxk@163.com
主要参与者	姓名	性别	年龄	学历（学位）	职务	职称
	杨常春	男	56	大学本科	课题组组长	中学高级专业五级
	施毅敏	女	41	大学本科	实验教师	中学一级教师
	田闻鸣	男	44	大学本科	实验教师	中学高级教师
	代华强	男	34	大学本科	实验教师	中学一级教师
	彭周杭	女	30	大学本科	实验教师	中学二级教师
	任达杰	男	34	大学本科	实验教师	中学一级教师
	黄洪	男	45	大学本科	实验教师	中学高级教师
	冉渊	男	45	大学本科	实验教师	中学一级教师
	任明霞	女	32	大学本科	实验教师	中学二级教师
	杨文静	男	43	大学本科	实验教师	中学高级教师

二、研究与实验的过程

"非构思创新写作教学研究与实验"课题是以"道"内涵作为哲学基础，其境界是高超的。自然界的线性相互作用规律是"道"，自然界的非线性规律也是"道"。老子说："道生一，一生二，二生三，三生万物。"本课题主张写作在自由、自觉、自主的思维状态下，通过自选写作路径自动生成，自组织整合出来。

2008年8月，我校成立了《非构思创新写作实验研究》子课题组。该课题是在中国教育学会中学语文教学专业委员会"十一五"规划的"创新写作教学研究与实验"总课题组指导下而进行的。近五年来，在总课题专家们的悉心指导下，我们子课题成员尽职尽责，兢兢业业地开展研究工作，心血与汗水均没有白流，该课题研究成果可歌可庆，为全面提升语文教育教学质量作起到了积极的推动作用。

我校在2008年4月就向中语会提出了参加教育部规划的"十一五""创新写作教学实验研究"课题申请书，同年8月获准立项并正式启动该子课题研究工作。

第一阶段：2008年4月～2008年12月，递交立项申请书，获准正式立项并启动，首先是制定了《非构思创新写作实验研究》子课题实施方案，建立健全了领导机构，当时时任校长田茂昌担任组织领导（2011年后由现任校长祝正君同志负责），课题研究组组长由杨常春老师担任，主要成员有施毅敏、杨文静、任达杰、代华强、黄洪、彭周杭、田闻鸣、冉渊、任明霞。其次，在课题组组长杨常春老师的指导下开展其实验工作。

第二阶段：2009年12月～2012年8月为具体实施过程。组织学习《非构思创新写作教学》课题理论。

（1）写作生长观，非构思写作当主要是一种动态的写作行为观，即写作生长论。它的核心是：写作内容不是选择、拼凑、组合、制造出来的，而是通过一整套的写作思维操作模型及其操作技巧自组织出来的。是"生长"而不是"构造"，是"生思"、"运思"，而不是"构思"、"布局"。

（2）写作动力的培养和调动。非构思写作学认为，只有在写作有强烈的情绪状态，良好的动力推动下才能进行写作思维的展开、生长。这是因为强烈的写作动机会诱发写作思维的灵敏性和强烈性，联想的是灵活性和丰富性。刘勰曰："缀文者情动而辞发"就是基于这样的一种思想。同时，我们还特别注重文化底蕴的积累，而我们的积累又是一种集高效性、灵活性为一体的"有序化积累"。在积累过程中我们主张强化逻辑，深刻记忆，从而达到一种学习对象与学习主体之间高度融合的效果，而且还要从情感的培养上提高写作者的写作潜能。为非构思写作淡化逻辑时的自然挥洒提供"源头活水"。所以我们的非构思写作理论主张的是"出入"并重，知情双修。

（3）写作思维的操作。非构思写作是一种直接写作，非构思写作学认为，写作者之所以能不进行构思而直接让文章自然生长的原因在于，写作者具有一套写作行为所需的写作思维操作模型，正确地运用这些思维操作模型就形成了思维艺术与技术。但值得注意的是，我们认为：这是所谓的思维操作模型并非我们在写作时所要主动地，刻意地去追求一种规则，它们应当是在平时不断地写作思维操作训练中所形成的在大脑中的一种程序记忆，是平时学习积累一项内容，它最终是一种能力，而非一种规则。

（4）思维与表达是同步的。非构思作写中的思维与行文是一致的，思维处于何种状况，此种状态就是要反映到纸面的文字表达上来。思维与表达应当是一体的，只是我们看不到，也听不到思维，而表达就是一个把思维固定化的过程。

（5）自由思维，无中生有。非构思写作崇高的是心理自由、思维自由。这也是艺术家所追求的理想境界。所以，托尔斯泰对于"五分钟以后人物将怎样行动的"都全然不知，这是艺术家的自由思维，是"无中生有"的体现。

（6）正确应对非构思成文时的随机性。在非构思写作中，对未来的写作内容，文章的

发展方向、脉络，是无法也不能先知或确定的。一篇文章的写作思维方向的发展是根据写作思维动态中对事物的深化认识来确定的，根据写作过程

中的情绪、思想态度的发展来确定的，是由写作过程中所出现的随机情况来确定的。非构思写作学主张通过淡化写作过程中的逻辑思维，使个性得以充分的张扬，但这并不是要逻辑而是要让大脑的"非平衡生态向组织工作模式"有效地启动工作。

非构思写作具有的这种特征，恰是它值得推崇的充分理由。在现代写作实践中，尤其是在写作教学这一块，还拘泥过分强调构思写作羁律中。那么让我们来看一看现代作文教学中的种种问题：灵感枯萎、心绪闭塞、思维僵化、写作盲目……如此种种，根源何在？很明显，这里有相当一部分来源于"构思写作"。所以，这种写作方法的不足之处"应当引以为戒，应该用非构思写作取而代之"。

课题组老师必须树立其研究理念，指导学生习作训练，参加各班各类竞赛活动；教师必须认真总结教学经验，认真剖析案例，形成自己的教学风格和教学理论，成型成文，参加各级各类教学技能与论文比赛，力求在地级以上刊物发表文章，如期按部课题的通知要求参加培训会议。在这一阶段，定期或不定期地向总课题汇报工作开展情况，以便更好地推进《非构思创新写作教学》子课题工作，逐步形成成果，为结题作好充分准备。

第三阶段：2012 年 9 月～2013 年 7 月为课题研究工作全面总结时期。撰写结题申请书，向国家教育部中国教育学会、中学语文教学专业委员会递交，恳请专家鉴定我校开展的"非构思创新写作"子课题研究成果，以期顺利结题。

三、研究与实验成果概述

1. 课题自身研究目标

非构思创新写作就是让学生快速形成构思，即养成快速行文知行递变的良好习惯，就是如古人"倚马成文"的状态。将该写作教学坚持下去，其思敏能力必然会提升，语文水平必然会跃上更高更理想的台阶。

2. 学生成长的方向

学生从不爱写作到爱上写作，从不能写到能写，从能写到会写，从慢写到快写，从快速写作到质量写作。一是向高考直通车高分；二是适应社会求生存；三是提升自己讲人文品位，普遍提高文化涵养素质，做文明之人，干文明之事，扬文化之风。

3. 教师专业发展的目标

语文高效课堂必然靠高素质的语文教师。学生的写作水平高与低，从一定意义上讲，这与教师的写作水平高与低是有着一定关系的。教师对学生潜移默化的影响作用是不可低估的。由此说来，教师着力理论与实践的结合势在必行，教师必须写下有水平的文章，必须积极参与科研活动，必须撰写科研论文，充分利用课题研究这个平台，发挥教师的"传道授也解惑"之作用。

4. 学校发展目标

以研促教，认真贯彻落实新课题精神，以写作促阅读，酿就一种说、写、读、听一路通的教学局势，让作文教学绽放奇葩，让写作教学美丽印江民族中学，让写作教学幸福全体师生。

5. 课题研究的基本内容与要求

第一，基本内容：

（1）发散思维写作训练；

（2）议论文写作方法训练；

（3）微型小说训练创新方法指导；

（4）逆向思维写作训练；

（5）反向思维写作训练；

（6）形象思维写作训练；

（7）多角度立意写作训练；

（8）话题作文写作训练；

（9）材料作文创新写作指导；

（10）漫画作文写作指导；

第二，基本要求：

（1）严格规范文体训练，尽量杜绝学生出现"非驴非马"的文章。

（2）着力培养学生的观察能力，思维能力和表达能力。

（3）坚持指导学生开展互评习作活动，学会欣赏与评析。提升自己，激励他人。

6. 非构思创新写作的探索与实践

子课题组组长杨常春从理论上向实验教师和学生做出指导，让师生弄清其会议，明白非构思创新写作的意义与作用，避免糊涂训练。

卷里诗书皆锦绣，人间无价是文章。我们可以从这一古训知晓一个深刻的道理。那就是我们的祖国是具有悠久的、优秀的、文化的文明之邦。由此，我们更应抓住这一优势，抓好非构思创新写作实验课题研究工作。让所有参与师生彻底懂得"非构思创新写作是指运用一整套写作思维操作横型来控制生成文章立意，文章结构，文章材料，文章语言的自觉化写作生长过程"的原理，从而自觉地渗透于教学之中。

（1）指导学生学会生活。

（2）指导学生学会积累知识。

（3）指导学生学会提炼材料。

（4）指导学生如何打造成品。

方法在课内获得，能力在课外提升。几年的探索与实践，业已证明这一研究过程是没费的，教师的指导手段越来越高的明事，学生的写作兴趣越来越浓厚了，人文素养质量越来越高了。

四、研究成果

1. 课题研究成果

实验教师的观念日益更新，思维形式既是定势更有变势，常变常新，智慧弥加智慧。

2. 学生成果

（1）学生的写作普遍浓厚起来了，爱读、爱写作业已成了学生的自觉行为。

（2）学生的三大能力提高了，即观察能力、思维能力和表达能力。

（3）学生能规范地写作规范文体文章了。

（4）学生参赛率达 100%，2012 年，我校学生参加第十四届"语文报杯"

全国中学生作文大赛获特等奖 1 人，国家级二等奖 1 人，省级一等奖 1 人，省级二等奖 2 人。2012 年，我校学生参加全国中学生"创新杯"作文大赛获一等奖 37 人，二等奖 58 人，三等奖 16 人。2013 年，我校参加全国中学生"创新杯"作文大赛获一等奖 74 人，二等奖 34 人，三等奖 17 人。2013 年，我校学生参加"文心雕龙杯"第六届全国中小学校园文学写作大赛获一等奖 25 人，二等奖 57 人，三等奖 45 人，优秀奖 12 人。

3. 教师专业发展成果

（1）在非构思创新作文教学理论上达成了共识，形成了以研促教，以教带研的良好局势，而且常态化、科学化。

（2）推动了作文教学的改革。过去老是由老师从指导到批改到评讲一揽子上课。如今形式变了，内容新了，方法活了，质量高了。作文教学的良好风气蔚为大观了。广大学生心花怒放，拍手称绝。

（3）实验教师参与率达 100%，其获奖情况如下：

• 彭周杭老师

①论文获奖 11 个，其中一等奖 7 个

②优质课一等奖 2 个，三等奖 1 个

③印江县首届"依仁之光"十佳青年教师称号

④指导奖 3 个

⑤优秀实验教师 2 个

⑥实验教师资格证书 1 个

⑦结题证书 1 个

• 冉渊老师

①发表论文 3 篇（国家级刊物）

②论文获一等奖 4 个

③指导奖 2 个

④优质课一等奖 1 个

⑤优秀实验教师荣誉证书 1 个

⑥实验教师资格证书 1 个

⑦结题证书 1 个

• 黄洪老师

①发表论文 3 篇（国家级刊物）

②论文获一等奖 4 个

③优质课一等奖 1 个

④指导奖 2 个

⑤优秀实验教师荣誉证书 1 个

⑥实验教师资格证书 1 个

⑦结题证书 1 个

• 任明霞老师

①发表论文 1 篇（国家级）

②论文获一等奖 5 个

③优质课获一等奖 1 个

④指导奖 1 个

⑤优秀实验教师荣誉证书 2 个

⑥结题证书 1 个

• 田闻鸣老师

①发表文章 2 篇（国家级）

②论文获国家级一等奖 2 个，省级一等奖 1 个，二等奖 3 个

③优质课一等奖 1 个

④指导奖 4 个

⑤优秀实验教师荣誉证书 2 个

⑥县级骨干教师

⑦结题证书 1 个

• 任达杰老师

①发表文章 1 篇（国家级刊物）

②论文获国家级一等奖 5 个，国家级二等奖 1 个，省级三等奖 1 个

③优质课一等奖 1 个

④指导学生奖国家级一等奖 2 个

⑤优秀实验教师荣誉证书 1 个

⑥结题证书 1 个

• 代华强老师

①论文获一等奖 3 个

②优质课国家级一等奖 1 个

③指导学生国家级一等奖 2 个，二等奖 1 个

④文章发表 1 篇

⑤优秀实验教师荣誉证书 2 个

⑥结题证书 1 个

• 施毅敏老师

优质课国家级一等奖 1 个，省级二等奖 3 个

②论文获国家级一等奖 5 个，二等奖 1 个，地级一等奖 1 个

③指导学生国家级一等奖 4 个，二等奖 2 个，三等奖 2 个

④发表文章 4 篇（《当代中学生学习报》、《新课程》）

⑤优秀实验教师荣誉证书 2 个

⑥参与全国首届、二届"教育艺术家成长"论坛荣誉证书 2 个

⑦结题证书 1 个

• 杨文静老师

①论文获国家级一等奖 4 个，二等奖 3 个

②教学策划获国家级一等奖 1 个

③指导学生获一等奖 4 个，二等匀 1 个，三等奖 1 个

④发表文章 3 篇（国家级刊物）

⑤优质课获国家级一等奖

⑥优秀实验教师荣誉证书 1 个

⑦结题证书 1 个

⑧"十二五"国家级重点科研组副组长

• 杨常春老师

①优质课获国家级一等奖 1 个

②论文获国家级一等奖 7 个，国家级二等奖 1 个，省级一等奖 1 个

③指导学生国家级特等奖 1 个，一等奖 4 个

④发表论文 7 篇（国家级刊物）

⑤参加全国快速写作学术年会交流文章 1 篇

⑥连续担任国家"十五"、"十一五"、"十二五"教育部规划重点科课题组组长（主持人），并顺利完成了"十五"和"十一五"课题结题工作，有"十五"、"十一五"结题证书各 1 个

⑦优秀实验教师荣誉证书 2 个

⑧荣获第五、第六届文心雕龙杯"全国写作教学名师"称号证书各 1 个

⑨十二五"少教多学"课题实验教师资格证书 1 个、优秀实验教师证书 1 个、教育荣誉证书 1 个

⑩县级教育能手荣誉证书 1 个

4. 学校发展成果

（1）开办《印江民族中学校报》；

（2）开办印江民族中学《文昌》报刊。

（3）编制校本教材，如《印江土家族苗族民歌写作收集》。

（4）学校得到教育部科研组织授牌为"优秀实验学校"或"实验基地"。

（5）为学校成功升省级示范性二类高中奠定了良好基础，付出了汗水、做出了贡献。

五、研究与实验部分成果目录

2008 年 4 月申报，七月获准立项"非构思创新写作教学研究与实验"子课题。

2009 年 7 月～2013 年 7 月期，每次参加全国中语会创新写作论文和作文大赛，参赛师生均获奖。比如 2013 年 7 月，我校教师有 6 个获一等奖，学生有近两百人获奖。

2013 年 1 月～5 月课题成果总结，申请结题。

文章发表和获奖论文：

杨常春撰写的：

（1）《漫读语文课堂教学的三项潜意识管理》发表于《中学语文》第9期。

（2）《文化与文明》发表于《中国研交流》2013年第2期。

（3）《鸿门宴语言艺术赏析》发表于《高考招生》2010年第2期。

（4）《语文课堂教学理当绽放美丽奇葩》发表于《中国教研交流》2012年第8期。

（5）《语文课堂教学的三美：音美、形美、意美》发表于《语文教学通讯》。

其他老师撰写的文章在县地级刊上发表，近100篇。

教师论文获奖50余人次。（均有复印件佐证）

A. 优质课

序号	姓名	题目	等次
1	杨常春	发散思维写作训练	一
2	施毅敏	议论文写作方法训练	一
3	任明霞	微型小说创作方法指导	一
4	黄　洪	逆向思维写作训练	一
5	代华强	反向思维写作训练	一
6	田闻鸣	形象思维写作训练	一
7	彭周杭	多角度立意写作训练	一
8	任达杰	话题作文写作训练	一
9	冉　渊	漫画作文写作指导	一
10	李瑜江	记叙文写作指导	一
11	杨常春	形象思维写作指导	一
12	任达杰	漫画作文写作训练	一
13	冉　渊	说明文写作训练	一
14	杨文静	材料作文创新写作指导	二

B. 教研论文

序号	姓名	题目	等次
1	杨常春	①努力践行创新写作理念，切实提高学生作文水平；	一
		②试论创新写作在生活与工作中的作用；	一
		③语文课堂教学之我见	一
2	施毅敏	①创新写作教学之我见；	一
		②新课标下的语文教学探微	一
3	任明霞	①改变教法，放飞心灵；	一
		②我的语文教学观	一
4	黄　洪	①论课堂内外与创新写作的关系；	一
		②浅谈新课改下的语文教学	一
5	田闻鸣	①浅议创新写作指导	一
6	彭周杭	①创新写作指导探微；	一
		②我的写作教学法探讨	
7	代华强	①创新写作教学必须持之以恒；	一
		②试论语文课堂教学	
8	冉　渊	创新写作教学是一种理念	一
9	冉　渊	执着追求创新写作教学	一
10	任明霞	我是怎样践行创新写作教学的	一
11	李瑜江	执着追求创新写作教学	一
12	代华强	语文教学必须重视创新写作	一
13	任达杰	①新课改下的创新写作教学；	一
		②语基与写作教学的关系	
14	杨文静	①语文教学的求实与创新	二
		②语文课堂教学设计管窥	

C. 全国"创新杯"作文指导奖

序号	姓名	等次	序号	姓名	等次
1	杨常春	一等奖	8	任达杰	一等奖
2	施毅敏	一等奖	9	冉　渊	一等奖
3	黄　洪	一等奖	10	李瑜江	一等奖
4	代华强	一等奖	11	代华强	一等奖
5	任明霞	一等奖	12	杨常春	一等奖
6	田闻鸣	一等奖	13	任达杰	一等奖
7	彭周杭	一等奖	14	杨文静	一等奖

D. 优秀实验教师奖

杨常春	任达杰	田闻鸣	任明霞	黄　洪
施毅敏	冉　渊	彭周杭	杨文静	代华强

学生作文获奖 380 人次。

编有《印江民族中学学生作品成果汇编》一书。

（此《研究报告》于 2014 年 7 月荣获第一届贵州省教育科学研究优秀成果二等奖。）

国家教师科研基金"十二五"重点课题
《全国教师队伍建设研究》
印江民族中学

《教师在普通高中课程改革深化中的作用研究》

——子课题实施方案

　　培养高素质的师资队伍，是学校创新发展并取得成功的根本保证。为了积极响应教育部中国教师科研基金"十二五"总课题的号召，为了全面贯彻执行总课题的指导思想，为了努力提高我校教师教书育人的水平，促进教师专业发展，努力建设一支结构合理、师德高尚、业务精湛、作风过硬、具有创新精神和发展意识的教师队伍，确保学校教育事业科学、健康、持续发展，结合去年年底我校申报立项的《教师在普通高中课程改革深化中的作用研究》子课题，业已于2013年初获教育部教师队伍建设总课题组批准的实际情况，现特制定我校申请的《教师在普通高中课程改革深化中的作用研究》子课题的实施方案。

一、指导思想

　　坚持以邓小平理论、"三个代表"重要思想和科学发展观为指导，突出教师队伍建设地位，坚持以师德教育为主线，提高教师队伍的思想政治素质，坚持以新理念、新课程为重点，推进教师队伍业务水平的整体发展；坚持以培训与教研为主渠道，倡导唯实创新、严谨治学、注重实际的从教之风；坚持制度建设、规范干部教师队伍的教育行为。

二、工作目标和要求

　　1. 紧紧围绕"提质升类"（三类省级示范高中升为二类省级示范高中）这个中心，坚持科学发展，坚持全面贯彻落实学校于2011年教职代会讨论通过的"十二五"发展规划，各处室分工协作，对教师进行思想上的教育、业务上引领、能力上促进、业绩上考评、生活上关心，加快教师的成长，全面提高办学的水平与质量。

2. 坚持以提高教师素质为重点，切实加强师德建设与教师专业发展，实现教师由"教书型"向"育人型"转变，由"教书匠"转为"研究者"，努力造就一支适应现代教育发展需要、具有较高思想政治素质和业务素质的教师队伍。

三、工作措施

（一）建立组织机构，落实组织领导

1. 成立教师队伍建设领导小组。

校长张德权为组长，三位副校长罗会宁、林逢田、邹圣洪和工会主席欧阳贵为副组长，各处室主任、副主任为成员，由办公室牵头，根据领导小组工作意见，贯彻落实督促指导教师队伍建设工作。

2. 将教师队伍建设的具体任务划归到各处室，各处室分别制订具体计划和制度，责任落实到人，形成管理网络，建立完善的教师队伍管理体制，并建立档案。

3. 办公室每学年末牵头，就教师队伍建设主要内容、措施办法、效果及存在问题等，督查各处室、各年级教师队伍建设责任落实情况，并负责考评总结，及时向学校教师队伍建设领导小组汇报，并提出下一学年教师队伍建设的努力方向。

（二）加强师德师风建设，提升教师职业道德水平（政务处负责，团委协助）

1. 开展师德教育学习活动，通过组织教师学习《教育法》《教师法》《中小学教师职业道德规范》等法律法规，提高教师的民主法制意识和依法执教意识，帮助教师树立正确的教育观、教学观、人才观和质量观。

2. 牢固树立"以人为本、关爱生命"的办学理念，增强安全意识，加强安全管理，抓实安全教育，切实履行教师的安全职责。

3. 坚持正面教育，榜样激励，典型带动，骨干帮扶，提高队伍的整体师德品质。适时开展师德师风培训或演讲比赛，宣传优秀教师事迹，评优树模，表彰先进，充分发挥优秀教师人格力量的引导作用。

4. 完善教师师德评价制度，建立师德评价机制，建立领导评价、教师互评、学生及家长评价相结合的评价机制。从教育事业心、教育思想、品质修养等方面进行师德评价。每学期政务处不定期开展师生问卷调查，对干部队伍、年级主任、班主任、科任教师工作情况进行民意测评，并将师德评价作为教师考核和评聘奖惩的重要依据。

5. 重视班主任队伍建设，每月召开一次班主任工作例会或优秀班主任工作交流会，开展新、老班主任结对帮扶活动，进一步提高班主任班务工作水平，每学期期末评选"优秀班主任"。

（三）加强业务能力培养，提高教师专业素质（教务处、教科室负责）

1. 建设骨干教师队伍，以"青蓝工程"推动学校"名师工程"，利用骨干教师在教研教改中的带动和辐射作用，不断壮大骨干教师和学科带头人队伍，不断发掘"教坛新秀"。每学年一次评选表彰"优秀教师"、"优秀班主任"。

2. 加强在教研组和备课组建设，开展听课、评课活动，开展"同案教研"以及新老教师结对帮扶工作。每月召开一次教研组长、备课组长会议。每学期开展一次优质课评比以及课件制作评比活动，努力打造印江民族中学各学科和各教研组在印江县教育系统的示范引领作用的师资队伍。

3. 抓实效培训。结合学校实际开展系列活动。突出对新调入教师、新招聘教师的业务培训，做到有计划、有考评。

4、提高教师的教科研能力。围绕课堂教学开展教学科研，切实提高课堂教学效果，积极组织参加论文撰写及课题研究，做到有任务、有质量、有水平、有效果、有考评。

5. 抓好教师的继续教育，鼓励教师积极通过函授、自学、远程教育等方式参加各种教育教学培训；结合学校实际，分批次派教师外出交流学习，拓展教育视野。

6. 树立教师终身学习理念，每学年举行一次专业知识考试，将考试成绩上报县教育局备案。

7. 每年开展教师教学能力大比武活动，评选优秀教案、课件、论文、教学随笔等。

（四）建立健全教师队伍建设考评机制

各处室各年级认真执行《印江民族中学教师考核评估办法》、《印江民族中学绩效奖评定制度》，通过制度约束人、管理人，造就一支德艺双馨的教师队伍。每学年学校专门召开行政会，总结教师队伍建设情况，要求各处室、各年级汇报教师队伍建设实施情况。（各处室、各年级组负责）

（五）加强对教师日常管理

经常督查教师的到岗及教学情况，协同各处室、真正把学校的相关措施落到实处，做到过程有记录，期末有考评。（各处室、各年级负责）

（六）加强对教职工的考勤、考评、考核工作

对相关处室的教师队伍建设情况进行汇总，建立文字档案，作为评先评优考评、考核的重要依据（办公室负责）。

（七）切实改善教职工工作和生活条件

及时帮助解决教师实际困难，尤其重点关心好外籍教师，以情感人，以情留人，并为学校加强教师队伍建设提供经费保障。（总务处负责）

（八）关注教师的工作、生活、身体、心理状况

对全校教职员工一年一次的身体检查,开展争创"文明家庭"、"和谐家庭"、"平安家庭"、"幸福指数高家庭"活动，深入一线教师，协同年级组共同促进学校教师队伍的和谐与稳定，丰富教师的业余生活。（工会、团委负责）

《教师在普通高中课程改革深化中的作用研究》子课题研究的目的，就是要促进教师成长、促进教师专业发展，促进教师身心健康。要建设一支高素质的教师队伍，需要学校的人文关怀，更需要广大教师提高认识，增强学习的动力，也需要学校各部门、各年级组、各教研组、各备课组的通力合作，各尽其责。加强教师队伍建设，促进教师成长，是学校的战略性举措，强校必先强师，持之以恒地抓好教师队伍建设，并取得成效，必将推动我校教育事业的可持续发展。必将使我校近期升为省级二类示范性高中的愿望实现，必将使我校朝着一类示范性高中乃至全国少数民族教育名校的方向发展。

2013 年 3 月 15 日

《教师在普通高中课程改革深化中的作用研究》

——子课题研究结题报告

一、基本情况

我校现已于 2013 年 8 月成为一所二类省级普通高中示范学校。拥有专职教师 378 人，其中特级 1 人，高级教师 65 人，中级职称 178 人，初级职称 135 人，大学本科学历达标率为 90%，其中研究生 4 人。其 76 个教学班，学生达 5320 人。

子课题组组长：杨常春

副组长：林逢田、欧阳贵、杜文锴、杨文静、施毅敏

课题参加主要研究人员：杨常春、林逢田、欧阳贵、杜文锴、杨文静、施毅敏、张智辉、杨旭东、任达杰、邓强、姜国荣、王昭美、杨黎、吴海燕、唐汉勇、张国发、田江燕、田闻鸣、赵相翠、黄妮、郑丽江、任宏亚、陈建宏、杨胜敖、代华强、任德元、刘昌静、简长兵、戴传能、张琴清、侯警予、冉景城、杨晓明、刘爱蓉、谭桂林、冯猛、戴菁、杨光泉、任锋、李红梅、任贞婵、万春红、杨艳、王玲（48 人）。

二、研究背景

在我们 2012 年 11 月末提出该课题申报之前，我们还属于三类省级普通高中示范性学校，当时，我们学校也正在紧锣密鼓为之努力，尽管我们的教育教学质量一直是稳中求进，但面临着教育发展新形势，面临着学生与家长对学校教育的要求期望值越来越高，面临着铜仁市各兄弟学校以质量求生存求发展的严峻形势。我们认为教师在普通高中课程改革深化中的作用研究，愈加凸显其重要地位。

于是，我们毅然提出了《教师在普通高中课程改革深化中的作用研究》

这一子课题，于 2012 年 11 月向教育部中国教师发展科研基金科管办申报，并获得批准立项，同年 12 月及时制定了实施方案。

2013 年元月，我们参加教育部中国教师发展科研基金会加强教师队伍建设总课题组，在北京昌平国家教育行政学院举办了课研培训会议。从那以后，我们便立即开展其研究工作，以课堂教学为基地，从不同学科、不同学情、不同角度开始了探索。目前，该子课题的研究成果已陆续呈送总课组，现已具备结题条件，特此报告，恳请各位领导与专家批评指正，以期日臻完善。

三、课题的界定

1. 课程改革：指教育部于 2001 年开始推行的新课程标准改革，简称"新课改"。包括中学各阶段的课程标准及课程要求。

2. 教师的作用：教师的天职是教书育人。教师无疑应在课程改革深化中发挥其作用，即充分扮演好主导者角色。让教师作用最大化地影响学生主体学习，让学生受之于启迪，获之于教益，得之于提高，从而共同实现高效课堂教学之目标，让高效课堂彰显教育教学之效率高、效果佳与效益大三大优势。换言之，教师认真地、精心地、合理地、科学地设计每一节符合学生学习兴趣与特征的课，激发学习热情，从而让学生品味学科知识特点，理解学习内容，掌握学习策略，实现不费时或少费时，就能达到学习效率高的目标，在高效课堂环境下，学生可以从师生互动和生生互动中学习到从量上看更多，从质上看更好的知识，从而更好地培养学生综合素质。

四、研究目标

1. 在新课标精神指导下，帮助教师树立正确的教学观念，尊重学生的主体地位，让学生成为真正的学习主人。

2. 各学科在探索结构设计、教学方法和教学原则时，以激发学习兴趣，聚焦高效课堂为中心，引起和激发教师的热情和爱心，提高学生学习效率，减少学习的依赖心理。

3. 调动教师的以"一桶水应对一杯水"的储存意识作用。让教师必须明白"为人之师必先为人之生"的道理，教师必须广博地阅读与研究教学理论与专业知识，方能如鱼得水地应对学生的学习需求，教师的勤教乐学、苦钻的态度施于学生，经过耳濡目染，让学生的"厌学"、"困学"在这种浓郁的教学氛围中，转为"勤学"、"乐学"与"善学"的积极状态，促进学生互帮互学，实现学生全面进步的目标。

4. 让"新老教师结对"以"传、帮、带"的方式永远承袭下来，同时采取"请进来"、"派出去"等方式对教师进行培训，从而促进教师的专业化成长，让学校提出的新教师要"一年站稳脚跟，三年成为骨干"的教师培养目标落到实处。

五、研究的主要内容

1. 着力研究各学科教材内容、教学大纲和考试大纲，明确编写意图、施教方向和技法。

2. 如何加强对教师思想素养与专业知识的培训与提高工作，要懂得"教育教学质量要提高，教师水平必先行"的道理，培养教书的责任意识，指导教师攻读教育教学"攻心术"等几十部系列丛书，从理论上与学术上更上一层楼，高屋建瓴，付诸教学。

3. 研究如何打造高效课堂，践行学校倡导的"121 高效课堂"模式，即课堂 10 分钟学生自主阅读学习；课堂中教师用 20 分钟积极引导与讨论；课堂内预留 10 分钟给学生消化知识完成相应作业。

4. 研究如何实施分层教学模式：我们学校拥有三个年级 76 个教学班，每个年级均分别编有实验班 2～4 个，重点班 7～8 个，特长班为 1～2 个（即书法与艺体生），其余者即为普通班。

5. 研究教师如何将自己的教学实践点滴素材上升为理论体系，撰写成文，参研参评参赛和投稿发表交流。既形成浓厚的学术氛围，又展示教师的才干，更影响和启迪学生们热情地朝着知识海洋进发！

六、理论依据

1. "尊师重教"的基本原理。

邦兴源于师兴，国强源于重教。没有尊师重教的良好风尚，根本不可能实现强国兴邦之目标。教师在普通高中新课程改革深化中的作用研究尤为必要与重要。教师的主导地位亦毋庸置疑。

2. 处理师生之间主导与主体的教学关系，认真解读"师不必贤于弟子，弟子不必不如师"的含意，即真真正正弄清"人本主义"之原理，充分发展人的个性，强调学生在教育教学中的主体地位。

3. 着力落实邓小平同志提出的"三个面向"的教育思想，提高教师的素质教育理论。

七、本课题应用价值

1. 全面掀起教师"勤教、乐学、苦研"的教育教学热潮，形成浓厚的崇尚知识与重视学术的风气，变教师"教书匠"为"研究型教师"的转型机制。

2. 全面提高师生人文素养，全面打造高效课堂，全面提高教育教学质量，全面实现办好人民满意的教育的美好愿望。

八、研究过程简述

本课题于 2012 年 11 月申报获准立项，同年 12 月开题。我子课题组组长杨常春同志亲自组织本课题组人员学习理论、研究教材教法、梳理材料、整理行文，2013 年元月，组长杨常春一行三人前往北京昌平国家行政教育学院参加课题培训研讨会议。除了走出去外，我们还请了上海、贵阳、重庆等地的教育专家来我校讲学，共达 8 次，师生听讲率达 100%，撰写了学习心得、教学反思文章 300 余篇。之后经常向中国教师发展科研基金会总课题组请示汇报相关研究工作。主动购买学习材料，主动宣传高三音乐、美术生留学意大利国家攻读等精神。积极地向中国教师发展基金会科研办总课题组领导暨专家递交我子课题组教师们的论文，并将参加课研工作的近三百人进行了认真评选，推荐出张国发等 16 名先进实验工作者和张智辉等 17 名教育科研先进个人上报总课题组审批；20 篇论文参加 2014 年七月中期培训会议评审；还申报了先进实验学校材料等。这些方面，我们敬请专家们予以颁证。2014 年 9 月教师论文完成。

九、研究成果

三年来，在教育部中国教师发展基金会科管办领导暨专家们的热情指导下，在本课题组全体同仁与学生们主动积极配合下，无论从教师层面还是从学生层面，无论是从校本课程还是校外各级各类比赛方面，进步都大，收效甚多，成果显著。

1. 在 278 名教师中，就有近 200 人加这一课题研究活动，其中杨常春等 48 位老师是主要研究者，并且涌现了杨常春、施毅敏、张国发、陈建宏、赵相翠、王昭美、简长兵、邓强、吴海燕、郑丽江、任德元、任宏亚、杜文锴、杨旭东、龚艳、杨黎先进实验工作者业已呈报总课题组办公室（恳请总课题组领导暨专家们批复颁证）

2. 2013 年，杨常春、杨文静、赵友才、冉隆前、姜国荣、任达杰等老师提交论文均获一、二等奖；2014 年 2 月杨常春、吴海燕老师提交论文均获一等奖；2014 年 7 月在河北举办的中期培训，我们因参加教育部"少教多学"课题培训会与之相克之故，未能赴会，十月补报送了 20 篇论文和推荐了张智辉等 17 名教育科研先进个人申报表等材料给科研基金会科管办领导暨专家恳请审批颁证。课题组参加人员共撰写近百篇文章，获县、地、省级一、二、三等奖的共 80 篇，发表 30 篇。

3. 我们 48 位主研人员的论文成果集已出版发行，敬请总课题组领导与专家们不吝指正。

4. 仅学生作文参赛一例，就有数百人获奖，有的文章还在在县、地、省、国家级报刊上发表。

十、研究反思

教无定类，学无定法。人生有涯，学海与教海无涯。因此，我们深知，该课题即使完结，但课题的研究工作永远还在路上。我们明白，课题研究只有起点，永远没有终点；我们懂得，只要做了教师这个职业，永远都是教育教学的实践者和研究者。

总之，课题研究之路漫漫其修远兮，吾将上下而求索。

2014 年 11 月 8 日

《“少教多学”的策略与方法在现代文教学中的研究与实验》实施方案

一、子课题研究的意义及价值

针对高一学生进入了有别于初中阶段的语文学习，尤其是我们贵州省业已步入全国践行新课程改革实验的末期，从起始年级抓起，如何培养提高学生对现代文的阅读水平和能力，这对一贯三年的高中学生的语文学习具有十分深远和现实的意义。

一是让学生认识到阅读是人类最优美的姿态；

二是让学生了解和掌握正处于信息社会，必然要出现信息量与人的时间、精力的矛盾，并为之探寻其解决办法或途径：

三是让学生必须知道升入高校继续学习时，就将面对大量的教材、讲义、文献、资料，当然不可能一一去读，只能有的精读，有的略读，有的忍痛搁置。而无论是何种学习法，都有一个共同要求，即把握阅读材料的要点；

四是走向社会就业所需。就业，只是人生道路又一个新阶段的开始。在这漫长的道路上，仍然有个接受终生教育，不断学习的问题，同样需要大量吸取新知识，获取新信息，同样需要把握阅读材料要点的能力。

其价值在于：有利于指导学生的阅读良好习惯的养成教育；有利于促进学生人文素质的提高与发展；有利于提振学生的思想品德修养精气神；有利于学生终生学习，树立服务于人服务于社会的责任意识。

二、子课题"少教多学"的策略与方法在现代文教学中的实施研究的主要内容和拟解决的关键问题

（一）主要内容

1. 文学作品阅读与训练

2. 社科类文章阅读与训练

3. 科技类文章阅读与训练

（1）理解文章；（2）分析文章；（3）鉴赏评价文章。

（二）拟解决的关键问题

阅读是理解的基础，阅读是写作的前提，阅读是生活的条件。古人云："读书百遍，其义自见"。这话让我们明白了阅读是何等之重要的道理。由此可见，关键在于如何激发学生的阅读兴趣，如何培养学生的自我、自主、自觉、自发的阅读意识和阅读思考能力，如何让学生掌握阅读的方法与技巧。兴趣激发起来了，方法与技巧掌握了，阅读能力培养起来了，就算是现代文阅读教学之肯綮被抓住了。方法用活了，功能管用了，教学结果自然会奏效的。

三、子课题研究实施步骤、阶段性目标和最终成果

（一）步骤

1. 准备阶段（2011 年 8 月～2012 年 6 月）

（1）设计课题方案（2011 年 8 月～2012 年 12 月）。

在理论学习、集体讨论的基础上，确立课题内容，明确研究思路，成立子课题组。按照全国教育科学规划领导小组办公室立项通知书的要求，在总课题组领导暨专家的指导下，完成课题研究方案的设计和论证。

（2）组建课题队伍（2012 年 1 月～2012 年 6 月）

课题组组长由杨常春老师担任，成员有施毅敏、杨文静、任达杰、田兴军、田闻鸣、杨珈瑜、代华强、叶丽、李瑜江、谢义琴、谭珊珊、任明霞、田志强、黄洪共 15 人。由组长召集召开开题论证会，制定了课题实施方案。

2. 实施研究阶段（2012 年 7 月～2015 年 8 月）

按既定方案组织实施，开展专项研究活动，并分阶段对课题实施情况检查、评估；不断完善实施方案，改进研究与实验工作。

3. 总结阶段（2015 年 9 月～2015 年 12 月）

（1）逐班进行成果梳理及子课题结题工作。

（2）完成结题报告，申请结题鉴定。

（二）阶段性目标

第一阶段：激发兴趣。

第二阶段：指导阅读学习的方法与技巧。

第三阶段：独立阅读与思考且能解决问题。

（三）最终成果

一是学生阅读与训练资料汇编。

二是以读促写，提高学生综合能力。

三是教师将其实验过程上升为教学理论如论文、反思和案例等。

四、主要参加者的学术背景和研究经验

子课题组组长杨常春老师执教数十年，曾长期担任教研组组长职务，就读师范，进修专科，函授本科，文化知识基础扎实，擅长写作，酷爱从事教科研工作，发表数十篇科研文章于省级以上刊物。"十一五"期间，在中央教科所领导暨专家们的亲切关怀和耐心指导下，我们业已顺利地完成了"全国高中语文教学个性化写作实验课题"任务。该课题组长是由杨常春老师担任的。之后于 2011 年我们又申报了"全国高中语文教学创作写作实验课题"。我们曾多次参加全国性的学术研讨会议。每次都是认真聆听专家们的智慧传播，都能虚心吸收全国各地课题组的课改实验先进思想与理论。去年，我们又一次参加了全国性学术年会。本次会议得到了赵明老师和刘桂英老师的特别悉心呵护，并将我们学校批复为"实验学校"。这对我们加快实验步伐、提升教研能力和提振教研信心起着十分重要的作用。这对我们继续抓好课改实验工作奠定了坚实的基础。同时，我们独辟蹊径地结合学校自身情况也开展了一系列教育科研活动，自然积累了点滴经验：一是提升了专业理论和活

动创新水平；二是零距离地接了教学地气，形成了自觉以老带新，以新促老的科研行为。

五、子课题的组织机构

由校长祝正君担任活动总顾问，副校长张德权、教务处主任刘爱蓉为顾问。后勤副校长和总务处主任为经济顾问。子课题组组长由杨常春老师担任，在十四名成员中，有老中青结合，有高级、中级、初级专业技术人员相辅。

六、完成课题的保障条件

一是学校校长高度重视和关心；二是全体参加者热心主动积极精诚合力；三是学校完全负责活动经费。

三 教学设计

《我与地坛》（节选）

——教学设计

教学设计思想：

本教学设计基于《课程标准》的理念，促进学生全面发展，倡导"自主、合作、探究"的学习方式，改变封闭的教学内容与陈旧的教学方法，以课堂教学为主，广泛地开展语文课外活动，使课内外衔接起来，让学生在鉴赏中拓展视野，扩大积累，并培养学生大胆创新的精神。

教学内容

指导学生理解作者对生死和亲情的感悟，体会景物描写的情味；评价作者沉静抒情，表达创新的言语风格。

课时与课型

一课时，感悟鉴赏课。

预习指导

通读全文初步感受文章的内涵和情感；阅读《秋天的思念》（读本）中《我与地坛》的其余部分。

教程设计

导语设计（用2分钟听贝多芬的《命运交响曲》）。《命运交响曲》是贝多芬在完全丧失了听力的情况下创作的，面对不幸，贝多芬"扼住了命运的咽喉"谱写出了音乐史上最光辉的篇章，奏响了人生最强音。古今中外像贝多芬这样勇敢地与命运抗争的强者很多，《我与地坛》的作者史铁生，就是其中的一个。

简介作者（投影史铁生的画像，配乐朗读，屏幕显示）史铁生是当代最有思想深度的作家之一。他面对残疾，曾一度彷徨苦闷，甚至多次想到自杀，但最终还是勇敢地面对苦难，顽强地生活下来，成为我国文坛的著名专业作家。在这一过程中，史铁生经历了痛苦的思索，今天我们一起来读他的《我与地坛》，解读他对生命、对人生意义的参悟。

探究课文

导读第一部分：史铁生对于生命的感悟是与地坛联系在一起的，请快速阅读第一部分。思考问题：

史铁生为何喜欢地坛？

这个安谧、宁静的地坛给了史铁生什么启示？请重点推敲以下语句，谈谈自己对它们的理解："它等待着出生……这时候想必我是该来了。""一个人，出生了……"，"死是一个必然会降临的目的。"

学生讨论发言，然后由教师小结：静谧的地坛给作者提供了特定的情绪背景，一个沉静思考的环境。生死不由自己决定，人活着就是顺从自然。虽然残疾了，但还是应该热爱生命。

板书：我解读生死；残疾不消极，热爱生命、尊重生命、敬重自我。

地坛怎样的特点，给了史铁生这样的启示？这一部分有哪些文字描述了地坛荒芜但并不衰败？重点在这一部分的第3、第5、第7三个自然段，基中应重点推敲的语句有：

第3段："四百多年里，它一面剥蚀了……自在坦荡。"

第5段："蜂儿……蚂蚁……瓢虫……蜂蜕……露水……草儿竞相生长异出的响动"。

第7段："幸好有些东西是任谁也不能改变它的。譬如……譬如……譬如……譬如……譬如……"

教师引导：描写景物也是作者对大自然的解读。作者在这几个自然段里集中地借自然景物道出了他对生命的感悟。地坛历久而弥坚的活力激励作者勇敢地面对不幸；像一些小昆虫一样，人人都能代到属于自己生命的喜悦和美丽；地坛在不断的变化中仍然保持了历古不变的生命永恒。这一段段景物描写，也是史铁生心魂歌舞。语言细致工巧，充满了灵气，又稍带几分神秘色彩。

板书小结：地坛容纳我，荒芜不衰败，生命永恒。

教师小结：地坛这座历经四百余年沧桑的古园，给了作者丰厚的回赠。所以，作者"常常到哪园子里去，""去窥看自己人的心魂"。作者从心底发出这样的感叹："哦，地坛，我的古园，我的精神家园"。

板书：精神家园。

导读第二部分：史铁生在地坛里经历了艰苦的精神跋涉，其中每一步都有他母亲的伴行。是母亲的理解和爱，帮助他解决了"怎样活"的问题。

你是怎样理解"这样一个母亲，注定是活得最苦的母亲"？

学生讨论后教师小结：母亲不仅要承受"我"的痛苦，还要承受不能将这种痛苦现于形色的痛苦。

作者用了哪些材料写出他最终理解了母亲？

学生讨论后教师小结：(1) 设想母亲的心理；(2) 写小学四报母亲；(3) 整日怀念母亲；(4) 痛悔自己的倔强和羞涩。

哪一则材料或哪几句话特别打动了你？请你有感情地朗读，并说说自己的体会。第一则材料，重点推敲的语句有："她知道……知道……又担心……""知道……是不知道……""母亲这话实际上是自我安慰，是暗自祷告，是给我的提示，是恳求与嘱咐"。"……些空落的白天后的黑夜，在那不起眼的黑夜后的白天……这些文字叙议结合，既包含感情，又富有哲理，是对母亲心情的至切理解。

第二则材料，重点推敲的语句："母亲的苦难与伟大才在我心中渗透得深彻。"

第三则材料，重点推敲的语句："又是……又是……又是……又是……地坛一日从早到晚的景色，与思念母亲心情交织在一起，痛彻肺腑。

第四则材料，重点推敲的语句："她视力不好，端着眼睛像在寻找海上的一条船……。"

从上面的研读说明：史铁生从母亲身上读懂了什么？"……她艰难的命运，坚忍的意志和毫不传扬的爱，随光阴流转，在我的印象中愈加鲜明深刻。"也就是说，母亲的"活法"成为史铁生的生命航标。

板书：我读懂母亲，承担苦难，坚强生活，生命航标。

看MTV《懂你》，创设气氛。联系课文、歌词，谈谈自己对母爱的理解和体会。而后者谈第二部分的第7自然段，带着深深的敬爱来解读母亲、怀恋母亲。

总结课文：课文的两个部分在内容上紧密相连。第一部分写我与地坛的故事，第二部分写我与母亲的故事。文章结尾处写："这图中不单是处处有过我的车辙，有过我的车辙……地方也有过母亲脚印"。这说明母亲与地坛已经融为一体。地坛使我平和地对待生死，解决了"为什么活"的问题；母亲使我看到了生存的意义，解决了"怎样活"的问题。

所以，《我与地坛》虽我写了不少客观的景物和人事，但那不是重点。作者思路的关键在"我"与对象的关系上，重点在"我"从对象的获取的生存感悟上。

板书：感悟生命。

读后作业：

阅读《读本》从《我与地坛》的其余部分。

写《我与地坛》的读书笔记。

附：板书设计

《我与地坛》

地坛容纳我：荒芜不衰败生命永恒

我理解生死：残疾不消极热爱生命

母亲理解我：默默地爱痛苦忍耐

我读懂母亲：承担苦难坚强生活

《廉颇蔺相如列传》教案设计

- 教学目的

1. 掌握文中出现的重点文言词语、语法现象和特殊句式。

2. 领会史传作品在选材、布局和揭示人性格方面的特点。

3. 认识廉颇蔺相如的思想品格；培养学生先国后私的爱国主义精神；教育学生严于律己，有错就改。

[教学重点难点]

1. 归纳文中重点词语、语法现象和特殊句式；学习辨析词义，判断文言特殊语法现象、特殊句式的方法。

2. 欣赏文中个性化的对话描写。

- 教学设想

- 教学方法

1. 诵读法

2. 归纳法

3. 对比阅读法

4. "引导——探究"学习法。

- 媒体设计

1. 课文录音

2. 投影：用于展示课文结构、词义辨析、法语现象归纳等。

3. powerpoint：用于本文和《荆轲刺秦王》的对比阅读。

4. 影片：用于播放根据课文改编的故事片。

• 课时安排：两课时

［教学步骤］方案一

第一课时

一、导语设计

他是一位史学巨子，又是一位文学奇才。只因仗义执言，却身受酷刑。在肉体与精神的双重巨创之下，他发愤著书，写出了千古不朽的史家绝唱——他就是我国西汉时期伟大的史学家、文学家和思想家司马迁。他呕心沥血的创作结晶《史记》是我国第一部纪传体通史，被鲁迅称为"史家之绝唱，无韵之离骚"。今天，我们就来学习更能体现他史学风范的传记《廉颇蔺相如列传》。

（解说：从介绍司马迁及其著作切入，旨在加深学生对这一重要文学常识的印象。）

二、解题

1. 文体简介

传记，是记录某人生事迹的文字。《史记》中的12本纪、30世家、70列传都属于传记文。

2. 时代背景

廉颇、蔺相如生活在战国后期的赵国，在当时"七雄"并峙的形势下，各诸侯国都想以武力统一中国。因此，各国之间经常发生军事斗争和外交斗争。赵惠文王时代，秦强而赵弱，两国时战时和，本文就反映了这个时期秦赵争斗的一个侧面。

（解说：了解文体，便于掌握文体特点；了解时代背景，有助于加深对廉颇、蔺相如性格品质的认识。）

三、熟读课文，归纳知识点

1. 朗读课文，初步感知

(1) 学生自读，找出生字难字和难断之句；并自己动手解映。

(2) 教师范读，学生整体感知文章思想情感，并找出不理解的字词句。

（解说：此步骤反复诵读，旨在让学生自己发现难点、找出问题，为自主性学习打下基础。）

2. 查阅讨论，归纳重难点

(1) 学生自己动手查阅文具书，并互相讨论，解决疑难问题。

(2) 教师出示投影，归纳重难点。

A．通假字

(1) 可与不。"不"通"否"，表疑问语气。

(2) 臣愿奉璧西入秦。"奉"通"捧"，用手托。

(3) 拜送书于庭，"庭"通"廷"，朝廷。

(4) 如有司案图，"案"通"按"，察看。

(5) 设九宾礼于廷，"宾"通"傧"，古代指接引宾客的人，也指赞礼的人。

(6) 秦自缪公以来，未尝有坚明约束者也。"缪"通"穆"

(7) 唯大王与群臣孰计议之。"孰"通"熟"。

(8) 请奉盆缶。"奉""通""捧"。

B．一词多义

负

(1) 秦贪，负其强（依仗，凭借）。

(2) 臣诚恐见欺于王而负赵（辜负，对不起）。

(3) 相如度秦王虽斋，决负约不偿城（违背）。

(4) 均之二策，宁许以负秦曲（使……承担，使……曲理）。

(5) 廉颇闻之，肉袒负荆（背着）。

使

(1) 秦昭王闻之，使之遗赵王书（派）。

(2) 其人勇士，有智谋，宜可使（出使）。

(3) 乃使其从者衣褐（让）。

(4) 大王乃遣一介之使（使臣）。

引

(1) 引赵使者蔺相如（引见，延请）。

(2) 左右欲引相如去（拉）。

(3) 相如引车避匿（牵，拉；这里引申为调转）。

徒

(1) 秦城恐不可得，徒见欺（白白地）。

(2) 而蔺相如只使以口舌为劳（只，只不过）。

幸

(1) 大王亦幸赦臣（幸好，侥幸）。

(2) 而君幸于赵王（宠幸）。

以

(1) 以勇气闻于诸侯（凭）。

(2) 愿以十五城请易璧（用，拿）。

(3) 严大国之威以修敬也（来，连词）。

(4) 则请立太子为王，以绝秦望（用以，用来）。

(5) 吾所以为此者，以先国家之急而后私仇也（因为），

C. 古今异义（在此只列出古义）

(1) 拜为上卿（授予官职）。

(2) 欲勿与，即患秦兵之来（忧虑，担心）。

(3) 请以咸阳为赵王寿（向人敬酒献礼）。

(4) 臣所以去亲戚而事君者（离开）。

(5) 请示王（指给……看）。

(6) 于是相如前进缶（上前进献）。

(7) 宣言曰：我见相如，必辱之（扬言，到处说）。

(8) 布衣之交（平民）

D. 词类活用

a. 名词作动词：

(1) 舍相如广成传舍（安置住宿）。

(2) 左右欲刃相如（用刀杀）。

(3) 乃使从者衣褐（穿）。

b. 名词作状语：

(1) 而相如庭斥之（通"廷"，在朝廷上）。

(2) 故令人持璧归，间至赵矣（以小路）。

c. 使动用法：

(1) 完璧归赵（使……完整）。

(2) 秦王恐其破璧（使……破碎）。

(3) 宁许以负秦曲（使……承担）。

(4) 毕礼而归之（使……回去）。

d. 意动用法：

(1) 且庸人尚羞之（以……为羞耻）。

(2) 先国家之急而后私仇也（以……为先，以……为后）。

e. 形容词作动词：

(1) 严大国之威以修敬也（尊重）。

(2) 不知将军宽之至此也（宽待）。

E. 特殊句式

a. 判断句：

(1) 廉颇者，赵王之良将也。

(2) 和氏璧，天下共传宝也。

(3) 我为赵将。

b. 被动句：

(1) 而君幸于赵王。

(2) 秦城恐不可得，徒见欺。

c. 倒装句：

(1) 宾语前置：何以知之。

(2) 定语后置：求人可使报秦者。

(3) 介宾短语后置：拜送书于廷。

（解说：在学生归纳的基础上，教师纠正错误，强调重点，帮助学生牢固掌握这些基础知识。）

第二课时

一、研习课文

1、请学生复述故事情节，讨论归纳人物思想性格。

2、分析文章选材特点。

(1) 文章写的是合传。两个人物一生事迹很多，在纷繁庞杂的素材中，作者是如何选择材料的？

明确：作者紧紧围绕主旨，以廉、蔺二人一生纷繁的材料中，从不同的侧面选取了既分别突出两人功绩，又与两人相互关联的三件事。这三件事既有独立性，又有连贯性，情节相当完整，最能表现人物思想性格，最具代表性。前两件反映国内矛盾，人物性格就在矛盾的发展中得以体现。选材是相当典型的。

(2) 作者对于已选材料又是怎样精当剪裁，使得文章主次分明,详略得当的？

明确：作者根据主旨的需要,对于已选材料,分别采取了明写、暗写、详写、略写的方法。明写者详,暗写者略。

表现在人物描写上，作者以蔺相如为主，详写、明写；以廉颇为辅，略写、暗写。但文中都能做到各层其妙，使廉、蔺二人的性格同样鲜明、突出。"完璧归赵"完全写蔺相如，主要表现他"国家兴亡，匹夫有责"的胸怀和智勇双全的品质。"渑池相会"详写蔺相如，主要表现他的机智果敢；略写廉颇，表现他参与决策，勇而有谋，以军事力量支持蔺相如外交斗争的爱国行动。"将相交欢"合写两人，还是以蔺相如的先国后私，廉颇的勇于改过，把两人的思想统一到爱国这一基本点和共同点上。

在事件经过的叙述上也有详略之分。如"完璧归赵"部分，对秦决策写得详，入秦经过写得略；对秦头争写得详，斗争结果写得略。

3. 分析文章塑造人物的手段。

(1) 运用多种手法刻画人物形象。

明确：以蔺相如为例，作者运用了多种文学手段刻画人物形象。

（2）侧面描写。如缪贤推荐蔺相如，从他的推荐中，可见蔺相如的胆识与智谋。

（3）正面描写。如直接描写蔺相如的语言、行动、表情和神态。在下面描写时，有时集响彻力写一个人；有时用环境气氛烘托，如蔺相如献璧时，秦正"传以示美人及其左右，左右皆呼万岁"，显示了秦廷的威严气氛，烘托出蔺相如不为威势所慑的机智勇敢的性格。

（4）在矛盾冲突中刻画人物。以"完璧归赵"为例，出使秦国之前，摆在赵国面前的是"予璧"和"勿予"的矛盾。在赵国君臣一筹莫展、久计不决的情况下，蔺相如一番诚恳有礼的分析点醒了赵王，表现了蔺相如处事果断机智的性格特征，出使秦国后，强秦和弱赵之间"夺璧"和"保璧"，"杀蔺"和"保蔺"的矛盾更加尖锐突出，在秦廷之上，蔺相如审时度势，巧设计保住和氏璧，并能慷慨陈词，怒斥秦国群臣不守信用。在这场斗智斗勇的较量中，蔺相如最终以他有礼有节，机智勇敢的个性魅力，并征服了秦王。在这一个又一个以弱对强、困难重重、险象环生的预热冲突中，蔺相如机智勇敢的个性和强烈的爱国主义精神得到了淋漓尽致的表现。

（解说：这一步骤教师只以举例的方式加以分析，帮助学生掌握刻画人物的多种手段和方法，其余两个故事的分析由学生完成。）

在三个事件的描述中，大段对话占了很大篇幅，有的情节干脆由对话来表达，许多对话形象地表现了人物的思想和性格，使我们如闻其声，如见其人。先说蔺相如，他在秦廷上的慷慨陈词，有时语气平和，谦恭有礼，使对方放松警惕；有时直言斥责，有理有据，雄辩折人；有时坚决表态，分析利害，暗示对方；有时怒不可遏，咄咄逼人。总之，词锋犀利，刚柔兼施，而又轻重恰当，充分表现了他是一个热爱祖国、不畏强暴、有智有勇，长于辞令的外交家。再说廉颇，在将相交欢事件中，他先前说的这一番话，表现了他的自高自大和心胸狭窄，非常符合武将廉颇的性格特点，后来写他知过改过，负荆请罪时说："鄙贱之人，不知将军宽之至此也！"语言不多，坦诚直率，可敬可爱。

（解说：对话描写的分析，宜以学生为主，教师必要时适当点拨。）

二、难点探究

1. 有人说,第二段"蔺相如者,赵人也,为赵宦者令缪贤舍人"一句可删,理由有二:

(1) 删去此段和第三段衔接自然;

(2) 此句与第4段开头"宦者令缪贤者:'臣舍人蔺相如可使'"重复。你认为可删吗?理由是什么?

2. 文章用大量篇幅写蔺相如却简写廉颇,这种布局合理吗?请阐明理由。

3. 本文第12段已将"完璧归赵"叙述完整,可后面又加上"秦亦不以城予赵,赵亦不予秦璧"两句话,是否累赘?为什么?

4. 叙史贵简。文中"宦者令缪贤曰:'臣舍人蔺相如可使'"。

王问:'何以知之?'对曰:'臣尝有罪……臣窃以为其人勇士,有智谋,宜可使。'"改成:"宦者令缪贤曰:臣舍人蔺相如勇而有谋,宜可使。'"文中"于是舍人相与谏曰:臣所以去亲戚而事君者……臣等不肖,请辞去。'"改成:"于是舍人相与谏相如,欲辞去。"何如?请阐明理由。

(解说:这些题目均为开放性题目,答案只要言之成理,自圆其说即可。)

三、对比阅读

1. 用 powerpoint 出示《刺客列传》中的《荆轲刺秦王》选段,学生自行阅读。

2. 分析:蔺相如和荆轲同是门客,同是面对暴虐的秦王,同是处理非常事件,为什么一个成功一个失败呢?你从中能得到哪些启示?请写一篇800字左右的短文。

(解说:对比阅读是一种比较有效的阅读方法,不仅可以拓展学生的知识面,而且能激发学生进行更深入的思考。阅读消化可在课上完成,分析写文章可放在课下完成。)

四、播放影片

播放根据课文改编的故事片,加深学生对人物形象的理解。

个性化写作说课

——以"泪"为题作文

一、缘由

个性化写作实验课题已正在纵深发展之中。虽然几年来的全国高考卷均以总趋势为话题作文，但近两年上海与重庆卷出现了命题作文的形式。因此，本次我也采取命题作文的形式。

二、目的

个性化写作在于培养指导学生自主作文。自主当然是学生对社会生活的自我感受，老师尽管作了命题规定，但并不能穿越学生的情感领空。那一片"情感天地"毕竟属于学生自己的。因此，老师只能在要求上做出明确的规定。

三、指导

常人道："人非草木，孰能无情。"有情就有泪。"泪"的表现特征亦是多种多样的。有激动的热泪、有悲伤的冷泪……只要善于对生活的品味和追忆，在往事不堪回首时，就有一泉冷泪流出，在遇事兴奋不已时，就有一腔热泪夺眶而出……所以，像这样命题作文，首先，应启发学生如何感悟生活，体验人生。其次，教他们以"联翩思考或变形思考"法去解读"泪"所蕴含的深层意味。再者，指导他们怎样构建文章的蓝图，用心用笔去点缀去表现。

个性化写作教案

教学目标：

1. 培养学生的联翩思考和变形思考能力。

2. 激发学生情感、体验人生、写出真意。

教学形式：

1. 教师着力指导思维方法：即联想思考和变形思考。

2. 采用命题形式，学生当堂完成习作。

教学时间：两个课时

教程：

一、从容导入

话题作文业已成了近些年的总走向，但也有一种新的走向，即命题作文。如 2004 年上海卷"忙"，2005 年重庆卷"脸"。因此，对传统的做法不能全盘摒弃。今天，我们就以"泪"为题作文。

二、发散思维指导

思维的方法是多种多样的，如形象思维法、逻辑思维法、顺向与逆向思维法等。本次题目为"泪"，就可采用联翩思考和变形思考法。

1. 联翩思考（教师以一些生活话题为例子加以表述）。

2. 变形思考（分解、增题、减题、反转、特殊化和一般化）。

三、习作要求

1. 不少于 800 字

2. 必须展示个性、流露真情实感、写真意、要感人。

3. 文体规范、杜绝"四大像"的文章。

4. 杜绝书写马虎、潦草的作文行为。

5. 在规定时间内完成。

个性化写作个案分析

——李雯静同学《方向盘与车轮对话》一文剖析

写作是一个人心灵表露的最好手段。一篇文章从一个侧面，可反映出一个人的思想，能体现学生的文学素质和思想内核。一篇文章能检测教师的教学所起的导向作用。现以李雯静所撰的《方向盘与车轮对话》一文为例加以剖析。

一、作文训练的旨意

教师采取让学生对社会生活现象进行下意识的观察与分析，要求学生从生活感受中提炼上升为自己的理念，写出自己的个性，同时也必须贴切学生自身的学习与生活，流露出真情实意。李雯静同学《方向盘与车轮对话》一文正体现了这一点。从原文中摘录如下：

方向盘坦诚地说：轮子，假若没有我的约束，你岂不走上了歧途！

车轮低下了头，十分虔诚地答谢道："是呀！我之所以能不偏不倚地前进，就得益于你的规范。"

小作者很自然地联系了学习与生活实际而写道："作为学生，倘使没有纪律的约束，我们能文明行为吗？"这句话，就足以见得学生内心的情感是与生活脉络紧紧联系起来的。这就是心灵迸发出来的火花。

二、语言清丽、个性飞扬、独特表现形式

话说"语言清丽、个性飞扬"的独特表现形式，且非一句笼统语句，还得从李雯静同学《方向盘与车轮对话》说起："你不要轻视我这么一个小圆"。方向盘对着车轮说，"其实，我俩的外形特征都是相同的——圆形。你要知道我们彼此间是一种主属关系。"

这样表述，既体现了笔者的鲜明性，又包含着人与社会的复杂性，更让人学会如何摆正自己的位置。当我的读罢"我俩的外形特征都是相同的——圆形"一句后，油然地引发许多富有哲理性思考的问题：有正面的、有反面的、有趾高气扬的、有谦和恭谨的，这就是语言清丽而个性飞扬的最好例证。

三、字迹清秀、文面洁净、美的韵味

其实，我们每次作文都是在规定时间内训练的，绝大多数学生是能达到这一目的的。李雯静《方向盘与车轮的对话》一文仅花了 40 分钟就完成了 800 字以上的文章，内容丰富。语言清丽、有个性特色，而且在整篇的书写上十分讲究。

一篇完整而严谨的结构；

一笔流行而清秀的字迹；

一次轻车熟路的行驶；

一段深情难忘的记忆。

洁净的文面，漂亮的字迹，这给我们留下了一股浓郁芬芳的韵味。

个性化教学肩负的责任多么之重大，个性化教学的道路多么之艰辛。当看到一篇篇优秀的习作摆放于案桌前时，我们作为勇于个性化写作实验者又是多么的欣慰和自豪啊！

命题作文教学反思

这是我几年前就想提笔写的东西了。因为，在往日的话题作文时，学生自命题五花八门的。就此，我专门进行了命题艺术的专题讲座。之后，学生方才对命题的艺术有所悟性，命题技巧也才有所提高。

这次，我受近年的部分省市高考命题的启发而命一道以"泪"为题的作文。在批阅学生作文的教学之余，我深悟到以下几点：

一是通过"命题"教学，下意识指导学生如何命题；

二是通过"命题"教学，帮助学生发散思维、体验生活、感悟人生、提炼材料、升华感情。

三是通过"命题"教学，让学生明白不能全盘摒弃传统作文做法。

四是通过"命题"教学，让学生知道命题作文的优势性和局限性，扬其所长、避之所短。

总之，思则变。思愈深，变则愈大。每位教师只有善于思考自己的教学轨迹，才能促进教学质量的提高，才能耕耘出朵朵绚丽多姿、令人迷恋的蓓蕾。

《烛之武退秦师》公开课教案

时间：2011 年 9 月 7 日下午第一节

教室：高一（4）班

施教者：杨常春

一、教学目标概览

1. 知识目标：（1）理解和掌握文中常见的文言实词和虚词的意义和用法。
（2）了解《左传》这部编年体史书的基本情况及其在中国文学史上的地位。

2. 能力目标。在诵读过程中，培养学生阅读和理解文言文的能力。

3. 情感目标。学习古人国难当头，不计个人安危得失，顾全大局的爱国主义精神。

二、聚焦重点难点

1. 借助语境推断文言词语的意义。

2. 领会和学习本文详略得当，波澜起伏，善用伏笔和照应的写作技巧。

3. 理解"贰、军、辞、鄙、陪、敢、济、肆、阙、与"10 个词语，归纳"若、说、辞、鄙、之"等词语的意义和用法。

三、课时安排：3 个课时

四、教与学师生互动

第一课时

（一）导语

自古以来，智勇人物在人们心中总是占有重要的位置。他们或为民排忧，或为国解难；他们或平凡或伟大；他们有的鲜为人知，有的永载史册。烛之武就是这样的一位深明大义的英雄，在强大的秦兵面前，他没有采取扬汤止沸的责难，也没有采用苍白的语言求和，而是采用了釜底抽薪的离间策略，晓之以理，动之以情，化干戈为玉帛，使郑国免除了劫难。今天，我们就一起来学习课文，感受烛之武不卑不亢，委婉曲折，步步深入的说理艺术。

《烛之武退秦师》一文，记述的是秦晋联合攻打郑国之前开展的一场外交纠争。事情发生在公元前 630 年（鲁僖公三十年）。在这之前，郑国有两件事得罪了晋国。一是晋文公当年逃亡郑国时，郑国没有以礼相待；二是此前两年（公元前 632 年，即鲁僖公二十八年），爆发了晋楚争霸的城濮之战，结果楚国战败，晋国称霸！在城濮之战中，郑国曾经出兵帮助过楚国，因而结怨于晋，这就是晋秦联合攻打郑国的直接原因。这次战争，也可以说是城濮之战的余波。

这是一篇记述人物辞令的散文。郑国被晋、秦两个大国的军队所包围，国家危在旦夕，烛之武奉郑君之命，去说退秦军。他善于利用矛盾，采取分化瓦解的办法，一翻说辞，便说服了秦军，撤出围郑的军队，并且派兵帮助郑国防守，最后晋军也不得已而撤退，从而解除了郑国的危机。

这篇文章，赞扬了烛之武在国家危难之际，能够临危受命，不避险阻，只身去说服秦君，维护了国家安全的爱国主义精神。同时也反映了春秋时代诸侯国之间斗争的复杂性。

秦、晋关系一直很好，晋文公曾逃亡到秦国，做了秦穆公的女婿，在秦国的帮助下回到郑国，而且秦国亦有称霸的野心，想在伐郑中得到好处。所以，秦晋联合也是必然的。

　　烛之武退秦师后，秦、晋交恶。两年后秦国单独龚郑未果，晋襄公（晋文公之子）趁秦国军队撤退之际，在崤山伏击，全歼秦军。这就是著名的"崤之战"。

　　（二）整体感知，《左传》简介（略）

第二课时

（一）检查字词基础

1. 函 hán　　汜 fàn　　佚 yì　　缒 zhuì　　阙 quē
2. 通假字
已—矣 李—吏（行李：出使的人）
共—供 说—悦（高兴）
知—智 阙—缺（侵损）

（二）回放上节课的问题探究

1. 首段有哪些内容？①形势严峻；②围郑原因；③驻军位置（郑有机可乘）。
2. 面对为难，郑国君臣有何表现：①佚之狐出谋划策，力荐独之武；②郑伯从谏如流，情真意切感动了烛之武；③烛之武面对郑伯的诚恳，深明大义，承担了赴秦识秦师的责任。

（三）继续理清思路，理清文意

1. 研习第 3 自然段
（1）诵读指导后，齐读。

①本段全文的重点段落。烛之武"夜缒而出"，只身赴秦，以他的能言善辩说服了秦君。他的义无反顾，他的胸有成竹，他的不卑不亢，侃侃而谈都需要在诵读中表现出来。例如"秦、晋围郑，郑既知亡矣"一句，要读得心平气和，诚恳可信，博得秦君好感。充分表现出烛之武欲扬先抑的论辩技巧。

②"若亡郑而益于君，敢以烦其事，越国以鄙远，君知其难也，焉用亡郑以陪邻？邻之厚，君之江薄也"句，亡郑虽对晋国有利，但烛之武用的是

117

以退为进的论辩技巧，因此要读得平缓而委婉。但"焉用亡郑以陪邻"这一反问句，语调要略高一些，反问语气要读出来；然后转面较轻地读出"邻之厚，君之薄也"。因为这几句话意在动秦伯之心，点明秦晋联盟的虚伪性。

③"若舍邻以为东道主，行李之往来，共其乏困，君亦无所害"句，则是烛之武另换角度，从礼仪上引诱秦伯，态度要更加诚恳，用中速度，"若"字要拉长些，注意"共其乏困"中"共"的读音。

④"且君尝为晋赐矣，许君焦、瑕。朝济而夕设版焉，君之所知。夫晋，何厌之有？即东封郑，又欲肆其西封，若不阙秦，将焉取之？阙秦以利晋，围君图之"句，则是烛之武在析之以利害，诱之利益之的更成功地说服，即指责晋国的背信弃义和贪得无厌，因此读时要有激愤之感，速度较前要快，尤其是"夫晋，何厌之有？""若不阙秦，将焉取之？"两句的反问语气一定要读出来。按着用平缓，诚恳的语气读出"阙秦以利焉，惟君图之"句。

（2）问题探究：在此段中，烛之武是如何说服秦伯退兵的？

［要点］：本段的中心是烛之武说秦君，说辞仅125个字，却不卑不亢，既不刺激对方，又不失本国尊严地道出了秦晋联盟的虚伪，亡郑对秦的不利，晋国的贪得无厌和背信弃义，委婉曲折，面面俱到，步步深入主题，句句打动对方，不愧是一段非常漂亮的外交辞令。

2. 研习第四自然段

"微／夫人之力／不及此"句，"微"后稍作停顿。因"微"是连词，表假设，为"假如没有"之意，"夫人"的"夫"是指代词，为"那"。"因人之力／而取蔽之"句"因人之力"后要略作停顿。

问题探究：本文是如何结尾的？

［要点］：以晋文公在风云突变中，头脑清醒，毅然撤军作结。而这也正是烛之武所想达到的目的。不仁"只是借口"，昔日真讲"不仁"，当初就不会发兵攻郑，"不知"是实质，智是理智，是对客观情况的分析，是对动武后的冷静判断，"不武"是因为胜负之数，难以预料，说到底，晋之退兵，是"利"字使然的。

（四）小结

秦晋围郑，郑危在旦夕，"若使烛之武见秦君，师必退"，佚之狐力荐可谓慧眼识英雄，烛之武临危受命，夜缒而出，智说秦君，秦穆公心悦诚服，秦军乃退。晋文公面对风云突变，亦毅然去之。郑国终于转危为安。全文处处注意伏笔照应，故事情节波澜起伏，繁简得当，有始有终，层次井然。烛之武的智勇及强烈的爱国主义精神溢于字里行间。

（五）作业安排

（1）归纳"若、说、辞、鄙、微、之"等词语的义项。
（2）初步体味人物形象及写作技巧。

第三课时

（一）反馈作业情况

（二）人物形象评价

1. 讨论分析烛之武形象

［要点］：烛之武是本文的中心人物，虽然"臣之壮也，犹不如人"，满腹牢骚，但国难当头，则毅然勇作前驱，以捍卫国家主权的使命感只身赴敌营，以机智善辩的外交才能消除国家的危机。不卑不亢，委婉曲折，步步深入，说服了秦伯，是个非常有感染力的人物形象。

2. 学习分析烛之武高超的论辩艺术

［要点］烛之武最终的成功在于他的三寸如簧巧舌，在强大的秦兵面前，他能化干戈为玉帛，其秘诀在于他熟练地掌握了人人皆知的趋利避害的道理。他的论辩艺术主要表现在第三段，在劝说秦伯时，他首先承认了秦晋联盟的强大，说明郑国确实深知结局，郑国一旦受到进攻必败无疑。这一说明表明他虽为郑国老臣，却好似不在为郑国做说客，好像是站在局外人的角度上公正地分析利害。这样，首先就在心理上取悦了秦伯，消除了秦伯或怀疑、或戒备、或不屑的心理，为以下说辞铺平了道路。然后烛之武详细分析了秦晋军攻克郑国之后的利害，尤其是指出灭郑只是起到了为晋国开疆拓土的作用，于秦国实际上是无大利而遗后患，这一提示正好戳中了秦伯害怕晋国强大而影响秦国称雄的要害。烛之武的这一番说辞，动之以情，晓之以理，终于使秦伯动了心，放弃了联盟攻郑的计划，可以看出烛之武说辩没有采取扬汤止沸的责难，也没有采用苍白的言辞求和，而是采用了釜底抽薪的离间策略，这正好显示了烛之武的老谋深算。

（三）本文在烛之武说秦退师前设下了许多伏笔，请思考前后怎样照应的，情节的波澜起伏体现在哪些地方？

学生充分讨论后明确：

此事发生在前 630 年，从事件的起因上看，晋秦联盟（围郑）并不团结一致。在晋、秦联合围郑之前，晋国曾单独行动，侵袭郑国，以此来试探郑国的反应。因此，此次与秦联合围郑，对晋来说，是蓄谋已久的报复私怨行动。而对于这一点，郑国的有识人士佚之狐是看得一清二楚的。因此，当强智敌入侵，大兵压境，郑国命运危在旦夕时候，佚之狐毫不犹豫地向郑伯建议：“若使烛之武见秦君，师必退。”过个假设句说明了佚之狐对形势的正确判断和对烛之武的充分了解与信任。从开篇第一段可以看到“晋侯、秦伯围郑”、“晋军函陵，秦军氾南”及出师理由这些都表明晋文公是主动的，而秦穆公则处于被动位置。如此说来，秦，郑并没有多大的矛盾冲突，这就为下文烛之武说退秦军埋下伏笔。从说秦的过程上看，烛之武“夜缒而出”应了开头的“晋秦围郑”，“国危矣”。“许君焦、瑕，朝济而夕设版”这照应了上文秦、晋自是联合行动，但貌合神离，既没有驻扎在一起，彼此的行动也不需要通知对方，这就为离间秦、晋联盟提供了条件。

这篇课文波澜起伏，显得生动活泼。如，大军压境，郑国危在旦夕，不禁让人捏着一汗，而佚之狐的推荐又使郑伯看到了一线希望。读者满以为烛之武会顺利出使敌营，力挽狂澜，谁知道他却因长期得不到重用而辞曰：“臣之壮也，犹不如人；今老矣，无能为已。”打起了退堂鼓，使郑国的希望又趋渺茫。郑伯的自责，也增添了文章的戏剧性。再如秦伯退兵后，子犯建议晋文公攻打秦军，秦晋关系顿时又紧张起来。晋文公讲一番“仁”、“知“、“武”的大道理才平息了一场虚惊。课文有张有弛，曲折有致，增加了文章的艺术感染力。

（四）作业安排

1. 加深理解下列难句，注意各句中加点的词的意义和用法。

(1) 以其无礼于晋，且贰于楚也。

(2) 佚之狐言于郑伯曰。

(3) 晋军函陵，秦军氾南。

(4) 越国以鄙远。

(5) 既东封郑，又欲肆其西封。

(6) 吾不能早用子，今急而求子，是寡人之过也。

2. 指出下列数词的活用情况。

(1) 且贰于楚。

(2) 六王毕，四海一。

(3) 用心一也。

(4) 而或长烟一空。

3. 学习烛之武的爱国精神和说辞善辩之艺术付诸行动之中。

4. 学习本文的写作技巧付诸写作实践之中。

四 教学论文

谈谈《雷雨》的戏剧冲突

表现连续紧凑的戏剧冲突是《雷雨》的艺术特色之一。曹禺颇善于把时间上和空间上有普遍联系的生活现象集中到时间和空间有一定限度的舞台上来。作品着眼于局、鲁两家三十年来的旧恨新仇，而落笔于"从一个初夏的上午"到"当夜两点钟光景的十六小时"之内，地点基本上在周朴园的客厅里。这就必须把人们之间千头万绪的关系交织起来，并用很迅速的步调来推进戏剧冲突。

《雷雨》的第一幕"死水微澜"选择了周朴园回家，周萍要躲到矿上去，鲁大海代表着罢工工人赶来周公馆、鲁侍萍正乘着火车赶来周公馆探望女儿的有利时机，拉了幕布。第二幕"密云不雨"以侍萍的出现，拉开了三十年前的帷幕，点燃了悲剧爆竹的信子。第三幕"山雨欲来风满楼"仍然以侍萍的"发现"为主轴，继续展开了周家和鲁家错综复杂关系的描写。第四幕"轰雷暴雨"是全剧冲突的最高潮。繁漪从鲁家回来之后，与周朴园发生了一场尖锐的冲突，而周萍拒绝与繁漪一起出走，又使繁漪陷入了绝望的境地。《雷雨》是以周朴园和侍萍的冲突为主轴，以他们所派生出来的周家和鲁家的冲突为次要线索，组成了一个后浪推前浪的画面。人物之间既有正面交锋，又有旁敲侧击，显得神形毕现，栩栩如生。而各个冲突之间又环环相扣，出色地完成了揭示主题思想的任务。

所谓"戏"，就是矛盾冲突。如果没有矛盾冲突，也就没有戏。在《雷雨》第二场的节选部分，主要有两对尖锐、激烈的矛盾冲突：一对是侍萍同周朴园之间的矛盾冲突，另一对是鲁大海同周朴园之间的矛盾冲突。这两对矛盾冲突的发生、发展、激化，推动着剧情的发展，由此而展现出侍萍、鲁大海和周朴园各自的人物性格。

周朴园在封建性的家庭里是个活阎王，"他的意见就是法律"，极端的虚伪性、和镇压剥削工人的狠毒性是他反动本质的重要内容。

周朴园三十年后与梅侍萍刚见面时，当时他并不知道站在自己面前的四凤妈就是三十年前投河自杀未遂的侍萍。此时，他假惺惺地说侍萍"很贤惠，也很规矩"，以此来表示对侍萍的怀念之情。当侍萍以第三者的口吻叙述自己"有一天晚上跳的河，可是不是一个，她手里抱着一个刚生下三天的男孩"时，周朴园立即现出"苦痛"的样子。这时，侍萍控诉周朴园欺压妇女的罪行：侍萍"生下了第二个，才过三天，忽然周少爷不要她了。"周朴园好像在接受审判，额角上"汗涔涔"的。以后又诡称与侍萍"有点亲戚"关系，并表示"想把她的坟墓修一修"，硬是装出一副十分怀念侍萍的模样，真是无耻之尤，虚伪透顶！当四凤妈说到侍萍还活着，并问他是否"想见一见"时，他竟连忙改口回答："不，不，不用"。一反先前的"怀念"姿态，进一步暴露了他的虚伪嘴脸。当他听说侍萍正在"讨饭，缝衣服，当老妈子，在学校里侍人"时，却厚颜无耻地追问侍萍"为什么不再找到周家"来，竟装腔作势地又关心起侍萍来了。当他确知站在他面前的四凤妈就是三十年前被他遗弃的侍萍时，他则严厉地责问："你来干什么？""谁指使你来的？"此刻，他撕去了面纱，封建资本家的凶相毕露。最后，他又怕败露隐情，无以逃脱罪责，又一再要求侍萍对往事"不必再提"。接着，竟又倾诉起"怀念"侍萍之情。"你看这些家具都是你从前顶喜欢的东西，多少年我总是留着，为着纪念你。""你的生日——四月十八日——每年我记得。一切都照着你是正式嫁过周家的人看，甚至你因为生萍儿，受了病，总要关窗户，这些习惯我都保留着，为的是不忘你，弥补我的罪过。"周朴园说得动听，其实，嘴甜心毒，假仁假义，虚伪之极！作者通过周朴园在三十年后相遇侍萍的反复无常的事实，淋漓尽致地揭露了这个资本家的极端的虚伪性。

　　一波未平，一浪又起。周朴园与侍萍的矛盾冲突尚未解决，工人代表——三十年前连同侍萍一起被抛弃的周朴园的第二个儿子——鲁大海找周朴园谈判。于是，剧中的第二个矛盾冲突发生了，又推动了剧情的发展。这场斗争在侍萍面前激烈地进行着。

　　鲁大海与周朴园之间的矛盾冲突，根本不是什么父子之间的矛盾冲突，而是被压迫被剥削的工人阶级同资本家阶级之间一场尖锐、激烈的阶级矛盾冲突，是阶级斗争。《雷雨》表现的这一矛盾冲突，大大地增强了作品的思想性和社会意义。

鲁大海代表着工人阶级的利益，同以周朴园为代表的资本家阶级作了针锋相对的斗争。在周朴园的眼中，鲁大海是"罢工闹得最凶的工人"，

由此，我们看到了鲁大海这个工人代表同周朴园进行斗争的坚定性。鲁大海与虚伪、狠毒的周朴园的斗争展开后，周朴园则挑拨鲁大海同工人们的团结。鲁大海敢于斗争、善于斗争，当场揭露"忽而软，忽而硬"的软硬兼施的卑劣手法"是想花钱收买少数不要脸的败类。"周朴园阴险狠毒，又用电报稿离间工人的罢工斗争，被鲁大海斥为"卑鄙无赖的行为"。由于三个"工人代表"被周朴园的金钱迷住了心窍而出卖了工人阶级的利益。这次罢工斗争失败了，鲁大海也被周朴园开除了。但是，鲁大海仍然坚持斗争，奋力揭露周朴园的滔天罪行：周朴园这个虚伪、狠毒的资本家曾经利用警察"杀了矿上许多工人"，"从前在哈尔滨包修江桥，故意叫堤出险"，"故意淹死了2200名小工"，指出周朴园"发的是绝子绝孙的昧心财！"鲁大海无私无畏，表现了工人阶级的应有的品质。

鲁大海血的控诉，刺痛了周朴园及其儿子周萍的每一根神经，弄得他们无地自容。最后，周萍（三十年前鲁大海的胞兄）恼羞成怒，竟毒打鲁大海；不仅如此，周朴园又指使仆人一齐殴打鲁大海。鲁大海流了血，被赶出了周公馆。这一场阶级斗争就发生在侍萍的眼前。这分明是一场你死我活的阶级搏斗啊！

至此，作品使两对矛盾冲突达到了白热化的程度，周朴园的虚伪和狠毒的丑恶嘴脸被揭露无遗，鲁大海的斗争精神得以赞颂，一个被欺压的妇女侍萍的形象有了进一步的表现。最后，鲁大海和侍萍愤怒地离开了周朴园家，使这两对矛盾冲突暂时得到了解决。

值得我们注意的是：曹禺在20世纪30年代就开始塑造工人阶级的形象，并对工人阶级反抗资本家的斗争寄予深切的同情和支持，这正是作品至今仍放射灿烂的思想光芒的地方。对此，我们应当予以充分肯定。

同时，我们又必须指出：在《雷雨》中，工人阶级反抗资本家的斗争只

不过是一个穿插，而作为工人代表的鲁大海又纠缠于错综复杂的亲子关系之中。这就降低了这个形象的价值，使鲁大海终究不能成为当时工人阶级的典型人物。这是由于作者对当时工人阶级的斗争生活缺乏深刻了解和非马克思主义的世界观决定的。

另外，从侍萍的不幸遭遇看，当时曹禺头脑中存在着唯心主义的宿命论观念。对此，作者在后来总结自己的创作经验时曾深刻地指出，"但在写作中我把一些离奇的亲子关系纠缠在一道，串上我从书本上得来的命运观念，于是悲天、悯人的思想歪曲了真实……《雷雨》的宿命观点，它模糊了周朴园所代表阶级必然的毁灭。"（曹禺《我对今后创作的初步认识》）

作者能够自觉地认识到自己作品的不足之处，这是难能可贵的。几粒尘埃毕竟掩盖不住金子的光辉。在《雷雨》中，作者憎爱分明，对被压迫的劳动妇女侍萍和工人代表鲁大海的斗争，表示了深切的同情和支持，从而深刻地揭露了以周朴园为代表的社会力量的日趋腐败和衰落。这对于今天生长在社会主义新时期的青少年一代来说，仍然有一定的教育意义。

（刊载于 2009 年 5 月《中国当代教师优秀论文集》）

语文教师在课堂教学中应具备"三美"

在课堂教学中，要想活跃课堂气氛，调动学生学习的积极性，以保证教学计划和任务的顺利完成，这关键在于语文教师应具备"三美"。所谓"三美"就是形美、意美、音美。

语文教师适时而恰当地变换教态，是教者以"形美"去惑目，作用于学生的视觉器官的重要态势语言。它使学生的注意力能高度集中，能从教师有意识的教态中得到启发，从而积极思维，轻松地掌握知识。正如演说者富有号召力的手势能激发群情一样。"适时"可有效地调节课堂气氛，"恰当"以达画龙点睛之妙。

严密而又连贯的意境，是教者以"意美"去感心，使学生的思维活动始终以严密逻辑性的知识模式为中心，领悟知识的内涵和联系。正如演说者的演讲浑然一体，使听众能理解并接受其思想观点一样，"严密"有利于学生良好思维品质的培养，"连贯"则有助于学生系统地掌握知识。精练而又传神的语言，是教者以"音美"去感耳，强化学生掌握知识，使他们能在调动视觉的同时，也能充分发挥听觉这一主要学习器官的功能作用，强化教学效果。因此，这就要求教师的语言轻、重、缓、急适时适度；语言逻辑性严密，词句准确、精练；声调抑扬顿挫，音色清新悦耳，普通话标准流利。这样，有利于学生感知，便于理解教学内容。正如演讲者高昂激扬的语言能强烈地吸引听众一样。

（刊载于 1996 年第 12 期《语文教学通讯》）

谈《荷塘月色》的语言美

妙语点睛，笔底传情。文章开头说"这几天心里颇不宁静"。一句话表明全文所要抒发的感情，统领全文，是文章的主眼。作者朱自清先生是一位有正义感的作家，1927 年大革命失败后，国家、人民陷入黑暗的社会现实。他对现实极为不满，但又不明确出路在何处。因而内心感到苦闷、彷徨。同时作者又具有不愿与黑暗势力妥协和洁身自好的情操。他要排解这种郁闷心情，所以由这一句开篇，便自然引出到月下的荷塘去消愁的想法。

第三自然段既有自然含蓄的内心独白，又有富于人生哲理的语言。这里且引几句："我爱热闹，也爱冷静；爱群居，也爱独处。像今晚上，一个人在苍茫的月下，什么都可以想，什么都可以不想，便觉是个自由的人。"凡是有过愁闷而不得解脱的人，或因不得意受过压抑的人，读了这几句总会引起共鸣。这"独处"的自由，委实能使人得到一种精神上大为解放的轻松感。这也正表达出作者在当时社会现实生活中的不自由，不舒畅。因为在黑暗的现实中不能想，甚至不准想的，在独处的时候，谁也无法干涉和阻止他去想，所以"便觉是个自由的人"。又体现了他对自由的向往，有力地深化了文章的思想意义，可谓点睛之笔。

文章写完荷塘四周朦胧苍茫的月色之后，笔锋一转说："这时候最热闹的，要数树上的蝉声与水里的蛙声，但热闹是它们的，我什么也没有。"这话多么的耐人寻味！当作者正受用"这无边的荷塘月色"之际，忽而被蝉声和蛙鸣破坏了那宁静的境界，使他感到"什么也没有"。显然感到没有的是自由，是欢乐，是舒畅。这不正衬托了他心情的沉郁和寂寞吗！

比喻贴切，韵味深长。本文在描写月光下的荷塘和荷塘上的月色时，大部分是妙用比喻句勾成的画面。如以"亭亭的舞女的裙"来喻荷叶的挺而高，突出微风中荷叶"婆娑起舞"的形象，给人一种美的感受。用"一粒粒的明珠"、

129

"碧天里的星星"、"刚出浴的美人"来比荷花的亮色和风姿，使人十分动情。又如"月光如流水一般"，"叶子和花仿佛在牛乳中洗过一样；又像笼着轻纱的梦"。读者不妨闭上眼想象一下，"在牛乳中洗过"是一种什么样的色彩；把难以捉摸的幻觉比作"笼着轻纱的梦"，可谓细致入微了。既自然贴切而又能引起人们的联想和寻味，最妙的是，把微风送来荷花的缕缕清香比作"远处高楼上渺茫的歌声"，把塘中不均匀的月色说成"光与影有着和谐的旋律，如梵婀玲上奏着的名曲"，这在修辞学上称之为"通感"的手法，在心理学上叫作感觉"借移"（亦称联觉）。这种方法往往是把两种不相连属的事物放在一起，把一种可感于视觉的，在此却转化为听觉形象了。月色本是感于视觉的，在此却也转化为听觉形象了。这种方法，初读似乎有点费解，但细细玩味，会令人感到进入"余音绕梁"和"此时无声胜有声"的境界，可使读者的想象在更广阔的天地里驰骋。

巧引诗句，文采神奕，在描写了荷塘月色之后，作者摘引了《采莲赋》和《西洲曲》中的诗句以表达对美好生活的追求、向往以及对江南故乡的思念之情，更增添了本文的语言美。

"采莲赋"里的几句是描写古代（六朝时）一个"热闹"、"风流"的季节，青年男女在茂密的莲湖上"采莲南塘秋，莲花过人头；低头弄莲子，莲子清如水"四句所勾勒的画面与作者眼前景物相似，因而自然地产生一种联想，想到江南故乡。借助古人的诗句来表达这种思想，比自己直说出来更为含蓄有力，更显文采神奕。

遣词造句，富于创新。文中运用了"羞涩"、"波痕"、"朗照"等词语，皆不平淡，有个性，给人一种新鲜感，富有表现力。用"波痕"一词形容微风吹过荷塘所显现的印痕，颇为精当，这是经过仔细观察的结果。若用"涟漪"一词也似无不可，而未新奇，若用"波纹""波浪"便不切合实际了。"波浪"一词说明水面的纹路浅浅的、淡淡的，比涟漪还轻，恰到好处。又如"月光如流水一般，静静地泻在这一片叶子和花上"，这个"泻"字生动地表现出月光笼罩下整个荷塘的静态，使人如闻其声，而且给人以清凉的感觉。

此外，提及一下文中还用了不少迭词。这亦为语言美的因素之一。为了强调事物的性状，在叙写时用"蓊蓊郁郁的"、"曲曲折折的"、"隐隐约约的"、"田田的"、"淡淡的"、"亭亭的"……等，凡 30 处之多。读起来有节奏感，有音韵美，娓娓动听。

（选自《语文教研成果集成》，1998 年 11 月，陕西出版社出版。）

漫谈语文教学的三项潜意识管理

　　语文课堂教学的潜意识管理。是指教师按照课时计划进行教学目标、教学过程和教学效果控制之外，间接影响学生心理状态和行为的各种方法。在课堂上，语文教师的潜意识管理运用得恰到好处，对学生会起潜移默化的作用，是有利于语文教学目标实施的。一般地说，语文课堂教学潜意识管理的主要途径有环境渲染、情感沟通、语言熏陶。

　　环境渲染。教室自然环境可以作用于无意或者非理性的心理，进而孕育出某种倾向来。环境暗示的影响是无声的，然而又是有力的，它可以避免引起学生的反感情绪，易于激发学生的心理潜力，具有软约束力。这就需要从教者的服饰打扮到教室的布置等方面加以考虑——教师着装浅色会给学生以亲切感，艳色易分散学生的注意力，深色则给学生以"权威"印象。这些看似寻常的细枝末节，在特定的环境同样具有不可轻视的潜在的影响力。在通常情况下，语文教师的服饰应该讲求朴素、大方、整洁，既不求"土"，也不求"洋"。除了色调尽量以淡雅、鲜明为宜外，如着西装要尽可能地系上领带，以显示其气度；如穿中山服要尽量系好风纪扣，以显示其恭谨。同样，班级目标管理辅以组织气氛潜在地牵制着群体中每一个学生的心理感受和行为方式。这是一种无形的力量，非强制性地规范着群体中每一个成员的行为。创造良好的班级社会心理环境和良好班风学风，都会使学生一进教室门，顿然产生一种积极奋发向上、主动学习的心理趋向，这样更有助于语文课堂教学管理的高效能。

　　情感沟通。重视情感的作用是语文教学的一个特点。所谓情感，指的是人的喜怒哀乐等心理活动的表现。情感是一个人从事工作和学习的内在的强大动力。尤其是当前中学生对语文课在不同程度上产生了厌学情绪，他们在课堂上常以讲话、打瞌睡、看小说、操拳术等各种形式表现出来。这种情绪的产生。究其根本，恐怕还是老师在讲课时缺乏一个"情"字。

正如苏霍姆林基说的："情感如同肥沃的土地，知识和种子就播在这块土地上"。一个教师冷冰冰地进行知识传授。没有情感交流是上不好课的。因此，语文教师在课堂上，要善于以情感去实施教学计划、从而达到教学目标。有一位老师朗读《最后一次演讲》这篇课文，心情十分激动。当他读到"他们的心理是什么状态．他们的心怎么长的"等，斥责国民党反动派的有关语句时，声色俱厉，大义凛然，甚至挥舞拳头，捶击桌子。同学们在课堂上如闻一多先生其声，如见一多先生其人，感情激动，精神振奋。课后印象非常深刻。又如柯岩的诗《周总理，你在哪里?》字字情浓，句句意真，表达了人民群众热爱、歌颂、怀念总理的真挚深沉的情感；鲁迅小说《孔乙己》，字字凝聚了鲁迅先生"哀其不幸，怒其不争"的感情，都是很能说明问题的。老师、学生和课文作者三方面的情感沟通起来。对课文内容不仅从感情上强烈地感受它，而且在认识上深刻地理解它，要从感情认识提高到理论认识，这就必然收到"通情达理"的艺术效果。

语言熏陶。要让学生在课堂上受到语言熏陶，这就要求语文教师掌握一定的说话技巧。说话技巧，包括说话的语气、语调、速度和节奏等。有人说，演员要学会用二十多种语调说一个"啊"字，以便准确地体现不同角色的不同情感特点和内心世界。教者在教学过程中声、色、情三者融为一体并运用到语气上，用含蓄的方法对学生在上课时的问题行为产生迅速的诱导性影响。精练而传神的语言是教者的"音美"去感耳。学生"耳闻"教师的"弦外之音"，从而领悟到教师的意图和良苦用心，于是做出知心、知情、知理的反应，及时改正自己的错误行为。要想强化学生掌握知识，就务必使他们充分发挥听觉器官的功能。只有这样，才能收到良好的教学效果。因此，教师必须做到语言轻、重、缓、急适时适度；语言逻辑连贯严密，词句准确精练；声调抑扬顿挫，音色清新悦耳。如果是朗读课文，声调更是关键的了。同是诗歌，《回延安》与《一月的哀思》的朗读是不相同的，一个心情激动，因而激扬；一个心情悲痛，因而低沉。用声调表达作者思想感情。也用声调去熏陶学生，并使他们和作者发生共鸣，进入一种思想感情的境界中。这样，有利于学生感知，便于理解教学内容。正如演讲者高昂激扬的语言能强烈地吸引听众一样，让听觉信号潜意识地输入语文课堂管理信息之中，其效果不言而喻。

（刊载于 2004 年 9 月《中学语文》）

漫谈在泅濡浓情中推行多元化语文教学改革

北宋初教育家胡瑗说过："致天下之治者在人才，成天下之才者在教化。"看来古代的有识之士是主张"教育兴国"的。面对新世纪、新形势、新任务，特别是党中央国务院旗帜鲜明地提出了"科教兴国"。在推动社会主义祖国走向繁荣富强的战略决策之后，作为教师身份的我们，也和全国教育同仁一样，深感形势喜人和逼人。我们充分认识到"科技要发展，教育必先行"的重要性，我们更懂得"人才靠教育，教育靠教师"的道理。正因此，我们在足够认识的前提下，才有了充分的信心、饱满的热、坚决的行动，力争在昔日开展的"优质课和公开课"的教研活动的基础上，加大力度施行在泅濡浓情中的多元化语文教学改革。

一、积极开展"说课"活动，努力提高教师素质

我们认为，开展说课活动是大面积提高教师素质，提高教学质量，推动教研活动深入开展的新途径。因此，在开展"说课"活动的过程中，我们要求每位教师务必从下列几方面去构建自己的话题。

第一，要说清对教材的处理。理解教材、"吃透"教材是说课的前提和基础。这要求教师说课前必须做到三要：一要通观教材，领会意图；二要深入钻研，明确要求；三要观察问题，明确"三点"。弄清思路，就是学习编者或作者观察问题、分析问题和解决问题的途径和方法。思路弄清了，就能更深刻地、更全面地把握教材内容，设计出恰如其分的教学方法。所谓明确"三点"就是要求说课时必须准确地确定教材的重点、难点和特点。抓住教材的这三点，是优化教学，提高 45 分钟效率的重要一环，抓住了这一环，既有利于学生对基础知识的掌握，又有利于促进其智力的发展，从而保证教学任务的顺利完成。

第二，要说准关于教学目标的确定。同样要做到三个方面：一是依纲据本；二是结合本班学生的实际；三是明确具体，便于衡量和检测。

第三，要说好教法的选择。要力求四心相通（即编者之心、作者之心、教师之心和学生之心）；

不管采用哪种教法，只要达到异曲同工之妙，就应予以肯定；教法的选择，要以"高效"、"实用"为准绳。

第四，要说明关于课堂教学的程序构建。这个构建包括"导入新课，讲练新课，强化训练和总结提高"四个环节，要求充分体现四个为主的原则。即学生为主体，教师为主导，训练为主线，思维为核心的原则。

二、易班教学展风采，涵濡浓情促教研

为了让学生能够领略不同教师的教学风格，让学生对教师更能提出有效的改进意见，我们争取多课题、多班级地交换授课的形式，即在上教研课时，让执教者到别的班级或别的年级去上课。

这样不仅可以让学生潜意识地激发一种求知欲，而且让原任课教师通过听取他人的教学之后对自己的教法进行深刻反思。总之，我们这样做也是在共研教学之优劣。

譬如：我本是担任高三语文教学，为了探索多元化的教改途径，我率先抛砖引玉，到高二（1）班上了一堂《春雷》戏剧教学探讨课，一方面是体现创新教学意识，另一方面打破了传统的教学模式，独辟蹊径，辅以自绘的挂图即戏剧人物关系一览表，指导学生阅读课文后，用自己的话结合挂图，复述剧情和剧中人物关系，然后提出几个思考题通过戏剧语言（即人物语言和舞台说明）。剖析人物性格，特别是让学生把剧中人物语言，如叹词"哦"、"嗯"、"啊"多次反复出现，以及"破折号"的不同用法彻底弄明白之后，分角色诵读感悟其戏味。经过检测，确实收到了事半功倍的效果。

罗亨华同志上了一堂诗歌鉴赏课。他致力于拓宽教学领域：一是给高二（1）、（2）两班同时授课；二是采用先进的多媒体教学手段，采取幻灯、图片方式教学，这样做更体现了诗歌教学形象性特点。他还对《念奴娇·赤壁

怀古》一诗，与其他不同风格的诗词进行了比较鉴赏，从而大大拓宽了学生的知识领域。他能够这么做，无疑让学生实践了"有比较才能有鉴别"的欣赏方法。

同学们学后深感该诗意境旷达，对诗词的不同风格也在不言之中体味到了。更为欣慰的是青年教师杨继昌也能在教坛技场上崭露锋芒，他具有创见地引导学生欣赏当代诗作《致橡树》，独具匠心、别出心裁地让学生在接受教学中仿用句式临场发挥了几行诗句，特别值得一提的是，为了告诫同学们如何正确看待人生，对待早恋等问题时，他用了极富有深刻韵味的一句"不要留恋眼前的玫瑰，前方还有更美丽的风景"结束了该课，自然营造了一种余音袅绕的课堂氛围。总而言之，无论哪一节探讨课都能让师生共享秋色，可以说都是花开多枝，纷呈异彩，交相辉映的。

目睹敞着的门而欲进不能

——剖析 2001 年高考语文第四大题

众所周知，语文教学界由于"语文"到底是什么？争论长期没有统一。1958 年《文学》课本停止使用后，文学教育在语文教学中似乎成了一个禁区。然而，语文教材中毕竟选了那么多的文学作品，语文教材要想避开文学因素，几乎是不可能的。随着教学改革的深入，这个认识越来越趋于统一了，即学生要着重学好实用的文章，包括记叙文、说明文、议论文、应用文，此外还应学点文学，如散文、诗歌、小说、戏剧。中学语文课本 2000 版更是十分明确将"文学鉴赏的知识和能力训练"作为一项内容，将文学因素放在了语文教学应有的位置上。

自 1985 年开始，出现了文学作品鉴赏试题。应该说，就文学作品教学的基本要求和中学语文教学应该注重智力和能力培养。但是，2001 年全国高考语文试卷现代文阅读部分的第四大题，似乎让考生有一种"目睹敞着门而欲进不能"的滋味。就此，笔者想与方家商榷一下。

命题人就《门》这篇文章设计了四个小题，即第 21 到 24 题，针对这四道小题，我们可以猜测出题人的意图是想突出试题的文学性和灵活性，这一出发点无疑是应充分肯定的，也想象得出他们对此也下了一番功夫的。可是高考可真是一项艰巨复杂的系统工程，出题者应置身于应试者的角度。考虑其可答性。笔者不是怜悯考生，而是把自己当成步入考场的应试者来看待这道题目有它的刁难性。其理由有三：

首先，我们看看《门》文章的性质。《门》是美国作家克里斯托弗·莫雷所写的一篇哲理散文。这类散文的特点是以文学性语言阐发比较含蓄的哲理，一般不使用比较严密的逻辑推理，而大多采用象征和比喻的手段，从具体事物入手借题发挥，所欲表达的哲理往往具有很强的个人性和主观性，并且大多不一定直说出来，而是让读者自己去感悟和想象；甚至作者自身也不一定能说得清那个哲理，他只是感受到并指出了"此中有真意"而已；倘若当真追问他，他则可能"欲辩已无言了"。因此作为涉世不深，文学底气不足的中学生答这样的题能说得出文章的哲理吗？

其二，从阅读的角度来看，《门》这是一篇轻松有趣、形象感和哲理度均把握得到位的"美文"，虽然稍有点故弄玄虚，但基本上平和自如，没有明显的败笔，在西方社会中，很适合中产阶级和小资产阶级人士的"高级精神消遣"。但是，将这样一篇最适宜于"欣赏"的文章，而且是译文，用来考查学生现代汉语的阅读水平，是不是合适，恐怕也有待思索和商榷吧？

其三，从题干的表述来看，更令人费解之嫌。《门》文章后的四个小题，都已含着"根据文意"的要求。然而问题恰恰出在"什么是文意"。有过类似写作经验的人会明白，我的写作这样的"机巧型"文章时，不一定有确定的文意。有时候只有围绕一个有趣的话题卖力地"抖机灵"，但并没什么"中心意思"，好像我们遇见一个美女，不自觉地跟她聊了起来，并非有什么"明确而特别的想法"。何况在写作时已有的"文章"还会在不断发散和改变，试题删去了原文的一些段落和句子，居然不太影响文章的完整性，就恰好证明了这一点。

试题参考答案所理解的文章可能是比较接近"真理"或者说比较准确的。但是，这既缺乏可以清晰展示的证明，又无法排除其他"平行真理"的存在。例如21题所问开门和关门的含意在原文中就存在着扩散性，考生可以在好几个自然段中得到启示。能够答出"标准答案"的，说是具有普遍鉴赏力的学生，而真正经常读文学作品的"才学考生"，可能会想得更远。第24小题的五段话，几乎每个选择可以"狡辩"一番，A项中说的"消极的、不可知的神秘色彩"是可以从原文中嗅出些微小的味道的。B项当然正确，因为说的都是"正确的废话"。C项则不一定对，首先，"聪明人"开门时不一定"总是"谦逊和容忍。这句话与下文的"内在关系"（也是昏昏昭昭的一个概念）倒可能更多些。D项中说的"不同层面"也不能否定的，当然这一段说的不完全是"层面"，便"侍者"、"书商"、"小贩"、"仆役"、"大人物"、"牙医"、"女助手"、"护士"，代表和暗示的正是"正面"，在这里，"层面"是与"场景"和"方式"共存共生的。E项的观点也不能说不对,因为"畏惧"和"悲伤"都是感觉和体验,不一定要出现在表面上,读者非要那样理解,专家也可奈何。

试想,假如考生如上述情况,闯入门后是否会给阅卷者带来麻烦,造成了被动,同时因评分标准缺乏可操作性而给相当多的考生造成一种"目睹敞着门欲进而不能"的茫然心理。

总之,高考文学作品鉴赏测试是高考命题两个"有利"原则的具体体现。因此,研究近年命题的基本特色和规律,对我们指导教学与复习是有很大帮助的。当然,高考命题的内容和形式是不会一成不变的,这是教学改革的必然趋势。教学最终目的应是让考生"目睹敞着的门欲进而能",笔者衷心企盼教学者与命题者共同为之奋斗。

(刊载于 2012 年《全国教育科学论文集》)

六人外出学习没白费　一千多块银元不白花

——铜仁聆听专家讲学汇报

撰稿人：杨常春
时间：2004 年 10 月 9 日至 10 月 11 日
人员：杨常春　戴印华　冉隆前　戴志华　杨继昌　朱　梁
地点：地区文工团礼堂
举办：地区教育局
主讲：余映潮（湖北省荆州市教研室）

一、带着一颗久渴的心出行

十月的风毕竟柔软而滋润的。

十月的太阳虽不十分火烈，但依旧是暖融而和悦的。

九号上午九时许，我们一行六人始终抱定一种极强的欲望，走进那仿佛汩汩不绝流淌的温泉，去沾湿自己干涸已久的心田……

路程愈驶愈近了，我们的心境越来越豁然了。

到了终端地，我们简单而朴实地觅了点食，安顿好住处之后，随即报到领取了相关的入场券和讲义等东西。

次日上午八时，我们准点进入会场，场内同行们云集满堂。首先是由教育局副局长王道富同志讲了此次活动的意义，提出了几点要求与希望。王局长其貌不扬，但还是有点儿领导者的风范，语言得体，言简意赅，有点儿味可品的。接着，会议进入了主体。一位风尘仆仆远道而来的余映潮老师和一群机灵活泼的学生一齐走上了戏台子。表演开始了。

第一堂授课对象是师专附中初中班学生。余老师教的《小石潭记》一文，本节课重点是朗读与尝析教法，培养了动口、动心、动手的各种能力。从教给朗读方法到自由阅读到集体或分组朗读，错落有致，边读边点评剖析，重点语段反复朗读，尤其是通过多媒体展示，从文中选出大量美词要求学生多遍朗读。颇有启迪性的活动是以"发现"为话题，激发学生思维开掘潜能，让学生去发现其文精美的地方，然后向学生交流老师的发现，则是本文的写法高妙之处，十分巧妙地传授了写作技巧。当学生既动口头又能动手完成活动后，老师口述写景范文。

要求学生做笔记，再抽查记录，请一名学生朗读自己记录的文章，老师以极高的评价这位同学的记录文章，闪亮性地结束了该课。

第二节为铜中高一（11）学生讲《神奇的极光》一文，本堂课重点交给提取信息的方法。通过本课的教学给了学生朗读与写作的多种方法，余老师的这堂课上得极不成功，尽管是铜中高才生，师生互动极不和谐协调，老师完全是处于硬拖着结束该课的，并且，老师根本没讲"极光"与"激光"两个不同的概念的区别（极光 jíguāng 在高纬度地区，高空中大气稀薄的地方所发生的一种光的现象。通常是弦状或带状，微弱时一般是白色，明亮时是黄绿色，有时带红、灰、紫、蓝等色。极光的形成，通常认为是太阳辐射出来的带电粒子受到地球磁场的影响，进入地球高纬度的高空，激发了大气中的原子和分子而造成发光现象。激光（jīguāng）：某些物质的原子中的粒子受光或电刺激。使低能级的原子变成高能级原子，而辐射出相位、频率、万向等完全相同的光，这种光叫作激光。它的特点是颜色很纯，能量高度集中，在工业、军事、医学、探测、科研、通讯等方面广泛应用）。前者本身授课应讲而讲了，并且结合高考，要求学生做了给"极光"下定义的练习，但后者（激光）概念只字未述，我们可以推测学生对其两者不同的现象未必真正弄清楚，更为荒谬的是余老师利用多媒体展文的认证工作文字中的活动二，这样写道：选读课文，感受激光，此处明显错位将极光写成"激光"。当然，他的这节课成功之处体现在利用现代资源将十分抽象的理论通过多媒体手段十分形象、直观地展示了极光弧、极光带、极光幔、极光芒，的确让学生感受了自然形态中的极光之美，极光之神奇。

第三堂课上的则是《纸船——母亲》一诗，那是附中初一的学生，本堂课的重点是深情地朗读、细腻的感受和诗意地仿写，设计了三次活动，逐一实施完成其教学任务。每次场有从课内跳出到课外诗歌的延伸训练，十分得体，朗读时是洪源的《驶去了，港口的船》：感受时是沙欧的《新月》课外诗。然后是余老师讲诗意仿写秘诀：一定要有个对象，一定要有个假设，一定要有个转折。余教师讲毕，学生动笔活动——仿写，再由老师抽了六位同学登台朗诵自己的作品，老师做出了十分精当的点评，以资激励学生继续努力。最后以多媒体展示老师的范文又一次闪光性地结束了该课。

下午两点半到五点半是余老师以《课标背景写下提高阅读教学水平的"168"工程》为题的专题讲座。开场白他就交代了他为何起这个题目名称。随后主要讲了三个部分：一是语文教学的一个基本理念：二是语文教学的六种基本角度；三是教学设计的八种基本技巧。他们讲的每一部分的基本构建枢架都是引课标原文，然后解读，教学例读将课标上教学实践有机地结合起来讲述，从客观上条分缕析，给我们勾勒了走进新课程，走进语文课堂教学新天地的、轮廓式的蓝本。讲座立意高远，理论有一定的深、力度。余老师无愧于具有一定的较高理论造诣和学术底蕴的及较为丰富的研究实践经验，谈吐十分诙谐，生动有趣，无愧于高雅文人的风姿风貌。令许多包括我们在内的老师十分景仰。

二、载着收获的喜悦返回

11 日上午 10 时，我们六人披着和煦的阳光，载着收获的喜悦返回了家。

时间虽极短。但机会诚可贵。我们非但如鱼得水似的珍惜此次听课学习的机会，而且从听课结束到返家途中都以此行话题各持己见，彼此都形成了收获的喜悦共识是：

一要学习余老师数十年如一日的执着敬业精神和严谨治学治教的工作作风；

二要学习余老师淡泊名利，严于律己，宽厚待人的高尚人格；

三要学习余老师着眼现实，关爱学生，放眼未来，热爱教育的大家风范；

四要学习余老师潜心工作，从点滴教学抓起。博采众长，独立创新的研究体系。

概括起来，这次六人之行外出学习的确没白费，虽用了千来块钱但也不白花。至少，让我们一饱耳福，听到了新课标、新课程带来了语文教学革命吹来的强烈呼声，我们听出了那是一种时代呼唤声；至少，让我们解读懂了"以一目尽传精神，借一斑略知全豹"的语言含义；至少，让我们知道了新课标是我国较长一段时期以来教育教学改革的产物；至少，让我们明白了语文学科具有工具性和人文性的真正性质。至少，让我们懂得了在今后教学工作中朝着什么方向去学习，去研究，去工作。至少，向我们昭示了语文需要怎样的追求。

三、一种汗颜、一种感慨、一种遗憾、一种呼吁、一种安慰

汗颜的是：有感于浙江萧山十中《花雨》文学社的妙语：大海的尽头是天空，天空的尽头是大海，海天之间是色彩缤纷的世界。我们方才知道语文教学的天地是如此广阔，我们与那些语文教学大方之家相比较真可谓大相径庭，天壤之别！

感慨的是：我们还有什么理由不去刻苦学习，不去认真研究教学呢？尽管我们与外面学校的教师待遇相比确有较大的、令人寒酸的窘境，但我们毕竟扮演了为人之师的角色啦！理当应当该朝着变"误"人子弟为"悟"人子弟的境界拼搏啦！

遗憾的是：这些大方之家（也许外出听学有限）为何避难就易地致力于初中语文教学的示范课研究，而我们难得听到成功的高中语文教学示范课啊！这委实让我们费解啊！

呼吁的是：雨，打湿了历史；风，吹落了寂寞。我们企盼印中领导重新解读以田建高书记为首的、当年的县委领导提出的"三舍得"的口号，付诸印中教育教学；我们企盼印中领导专访一下今年江中等毗邻学校的高考奖励，而善待高三所有科任教师；我们企盼印中领导从真正意义上兑现

自身提出的所谓"走出去,引进来"和多让老师外出学习的提高教育教学的办学理念。

　　安慰的是;上帝有一天心血来潮,派出天兵天将携同许多貌美心慈的仙女下凡,载着星球和月球上的奇珍异品惠馈天下的渴雨祈风者。那一天的到来,相信田野的麦穗是金灿灿、沉甸甸的,人间的笑声定将溅起层层涟漪,笑容必然绘成艳阳天!

2004.10

足不出户焉能知道长路远　心未启扉
何以晓地厚天高

——参加全国第六届快速作文教学研讨会暨全国快速作文研究中心第七届学术年会

时间：2004 年 12 月 16 日～12 月 20 日

地点：湖南省级示范性高级中学邵阳市新邵县第一中学

会期：12 月 18 日～20 日

与会者：尹显聘、戴印华、杨常春

一、我们欣然走进"唯楚有材"的楚湘大地，而后方知文化寻根的道长路远楚湘的土地，古老而神奇

楚湘的文化，渊远而流长；楚湘的教育，兴盛而发达；楚湘的人民，勤劳而善良。在古代，我国有最早的诗人屈原；在现代，人民有开国领袖毛泽东；在当代，教育有快速作文之父杨初春。屈原、毛泽东、杨初春他们生于斯长于斯。他们的确成为楚湘的骄傲，更是举国崇敬的偶像。著名特级教师杨初春的快速作文教学法从一九八四年开始研究至今长盛不衰，红遍大江南北。他的快速作文教学研究之路业已走过了二十个春秋，其成果丰硕，令人十分青睐。他的快速作文教学法业已成了湖南省的教育品牌推介于全国，成了当前语文界的九大流派之一，成了我国教育园地中的一朵奇葩。二十年的路，就一个人的年轮而言是长的，就历史长河来讲只算瞬间。而我们无论从哪个角度与楚湘人杨初春在教育改革方面去比，的确，我们深知教学改革的道长而路远。

二、我们渴求走近"博大精深"、"学富五车"的专家学者，而后才知学术探究的地厚天高

所谓学术，就是有系统的、较专门的学问。这次学术会议，云集了五湖四海的教育同行。与会六百余人，济济一堂，齐聚新邵。

12月18日上午，在新邵一中电教中心会议厅隆重举行了开幕式。主席台前鲜花簇簇，会议厅内锣鼓喧天，校园上空彩标荡飘。会议由新邵县副县长周芙蓉主持，周副县长首先介绍了大会主席台人员，接着是鼓乐队献词献花，尔后，分别有中国教育学会学术会员、理事，全国著名特级教师、全国快速作文研究中常务副主任林泽龙先生致开幕词，新邵县委副书记龙黎明同志致欢迎词和邵阳市人民政府副市长李兰君同志讲话。林泽龙先生的开幕词着重讲述了本次会议召开的背景和意义，以及简介了快速作文的推广情况。目前，全国共有快作教学实验班8500多个，教学基地100多个。杨初春老师二十年来先后在全国各地讲学600多场，上快速作文观摩课4800多节，举办教师的快速作文教学法培训班和学生的快速作文法训练班共260多期，听众百多万人次。实践证明，杨初春快速作文法是一项具有科学性、创造性，时代性和可行性的教改成果。这一成果对于大面积提高语文教学的质量和效率，全面提高学生的语文能力，促进学生的全面发展，具有十分重要的意义和作用。

林先生在作研究与推广了二十年历程中总结出了七条基本经验：一是适应现代社会发展的需要和深化教学改革，大面积提高教学质量的要求，通过长期坚持不懈的探索、实践，提出了一个既具有创造性又具有实用性、可操作性的、较为系统的科学体系，并使之与时俱进地逐步完善；二是有一群热心教改、虚心学习，勇于实践、乐于奉献的教师队伍；三是具有一批甘为人梯、热心扶植、精心指导的高水平专家的关心和指导；四是有一个具有广泛代表性的群众性学术团体——中国写作学会阅读学专业委员会快速作文研究中心；五是有一批实验班、实验校作为推广、普及的基地；六是有一套适合教学并受到广大师生欢迎和喜爱的快速作文读物；七是有各级教育行政部门、教育教学研究部门及学校领导的大力支持和指导。

下午是专家的学术报告。中国阅读学会会长、河南师大中文系教授、全国快速作支研究中心名誉主任曾祥芹，作了题为《快速作文的理论创新与实

践创新》的报告，在报告中，他有机结合教育前辈陶行知"处处是创造之地，天天是创造之时，人人是创造之人"和江泽民"创新是一个民族进步的灵魂，是国家兴旺发达的不竭的动力，一个没有创新能力的民族难以屹立于世界先进之林"的论断解读了快速作文教学的理论创新与实践创新等问题。针对当今快速作文理论研究仍然滞后于实践，急需树立快写的科学发展观时，他提出了"快速作文的心理机制是怎样的？快速作文的文章学原理是什么？"等22个理论问题供与会同志去研究。

著名特级教师、全国快速作文教学研究中心主任杨初春作了《新语文课程标准与快速作文教学》的报告。报告分三个部分内容：一是解读《课标》；二是探索理论；三是比较《课标》与《快作》。这三个部分旨在突出一个问题：即说明快作的创新具有超前性，比《课标》快作理论的提出早20年，并且其要求也高于《课标》。12月19日上午，会议由哈尔滨师院中文系教授郭轫希主持。一是听专家学术报告；二是由杨初春上双课时快作理论指导现场演示课。授课对象是新邵一中高一（284）班学生，即该校的实验班，学生44人。课题是：怎样快速写景物。该课环节为：思维导向——方法指导——写作实践——讲评作文——修改作文——小结。在指导方法时，以"桥"和"我的书包"为示倒，主要谈三点：一是如何迅速找到主体；二是怎样立即抓住联系；三是教学生尽快展开思维联想，强调学生写景物必须注意"三物"，即主体物、联系物和联想物。他讲述了为什么要写"三物"的道理之后，立即展示例文《榕树》，让学生从欣赏美文中受到启发，开启思维，给学生35分钟写作，相互交换写出评语，然后抽查宣读文章和评语，大家集体修改。其结果十分好，全班学生均能如期完成写作任务，其中一学生名叫杨丽用32分钟写了1180字的文章，最慢一个也写了680字。作文质量均不错。一篇题为《弯弯的山道》散文，语言表达不仅流畅优美，而且富有深刻的哲理，其点睛之笔是"山道弯弯，人也弯弯"。老师的总结以鼓励为主，突出优劣之重点。杨初春的课显然有特色，令人值得学习的地方很多很多。

下午，由山东省青年教师丁慎杰执教一堂初中快作观摩课，学生是大坪中学初三（1）班，课型为单课时，主要教学生如何运用"形神反差法"。给学生的题目是：原来他是这样的一个人。丁老师的教学思路为：思维导向——

理论指导——写作实践——小结。学生的写作时间为 25 分钟。全班均能完成，其中一学生写 1100 余字，最少的一个写了 700 多字，丁老师的课在总评环节不如杨初春的课抓得实。尔后又是一名广西桂林市青年女教师文凤翔上一堂小学生快作观摩课，他的教学思路是：打开智慧之门——开启思维之门——解开智慧锦囊——写作实践——讲评。文老师的课上得蛮不错，能深入浅出地带领小学生愉快地走进写作殿堂。

的确，通过听了学术报告和演示课后，我们的心扉仿佛苍穹与大海，方才领悟了庄子"人生有涯学海无涯"之真谛，方才感受到教育之天也是那么宽阔那么的厚重，方才深觉治学究教无止境！

三、不辱使命，收获良多

这次的外出学习，有着一个不寻常的背景。这背景就是在我们学校处于长期举债发展的前提下，学校领导依然不忘"教研兴校，质量强校"的治校宗旨，派遣我们三人参加这样一次具有促进教研工作作用的学术会议。因此，我们三人不畏路途劳顿，战胜一切困难，首先在经费开支上尽量节俭省用，保质保量学经取宝回报学校，以期开创我校教研工作新局面。我们的收获有：

一是承蒙全体领导的关怀与重视，我们不胜感激，抱定不辱使命的决心而前往；

二是我们三人所撰论文均荣获全国一等奖；

三是杨常春同志被评为优秀实验教师，并在会上作为贵州的唯一代表作了即席发言；

四是我们呈送了相关材料和请示，得到中国写作学会专业学术委员会快速作文教学研究中心批准，现已正式授牌为"全国快速作文教学实验基地"。这块牌子来之不易，它凝聚着领导和师生的心血，这块牌子竖之不易，它将成为语文教研工作的重头戏。要在真正意义上无愧于"全国快速作文教学实验基地"，我们绝不能蹂躏自己的心血，我们务必在学校领导的高度重视和大力支持下，让"快速作文教学"这项工作抓得更加具体更有成效，让"快速作文教学"这朵蓓蕾绽放全校，乃至光照全县。为了全面推行素质教育和提高教育教学质量，我们甘洒一片热血，苦而无憾！

同台竞技展风采　同行比翼映蓝天

时间：2004 年 11 月 26 日～ 2004 年 11 月 27 日

地点：铜仁一中

内容：教学交流

带队领导：罗亨华副校长

成员：杨常春　戴印华　戴秉武　熊开华　戴志华

　　　任达杰　任廷禄　代华强　柳仁华　张祖荣

　　　林　华　严天慧　任明霞　龚　艳　施丽敏

　　　张丽华　田兴军　冉隆前　唐朝阳　唐汉勇

一、冷暖交融，移花接木

铜仁一中是一所省级示范性高级中学，无论如何都有值得我们学习的许多地方。我们正是怀着这样的想法而前去的。

11 月 27 日上午，在罗亨华副校长的统一指挥下，我们分成了四个组分别聆听了铜中高一、高二年级的课，其中一组就在铜中电教室听取两校老师的展示课。我校派出中青年教师代表熊开华和任达杰执教的课题分别是《为了忘却的记念》和《项脊轩志》，而铜中的两位老师杨文静和陈实分别上了《赤壁怀古》与《雨霖铃》和"让想象飞起来"作文课。双方的教学特色均有，千秋各异。同台竞技展风采，同行比翼映蓝天。

下午，双方齐聚铜中电教室，畅所欲言，各抒己见。铜中教研组长戴泽斌老师作了全面的教研工作介绍，各年级备课组长也推介了他们所开展的工作。我校罗亨华副校长作了全盘工作的广泛交流，之后便是高一、高二和高三教师代表施丽敏、唐朝阳和冉隆前分别谈了各年级的教学构想和工作开展情况。

其实，我们主要是去向铜中取经，将他们的教学长处移接到我们的教学中来。所谓冷暖交融，即指我们的信息闭塞，铜仁的教学手段现代化，信息灵而暖。目的在于使我们的教学信息之冷而得以释怀，使我们教学与之拉近距离，移授他们的花粉，接于我们之木，岂非果实硕大成味美吗？

二、自知不足而不明终为憾

中国自古而来就有"不怕不识货，就怕货比货，货比三家不上当，路选十条方显真"的话语流传，人们从中有些儿悟性。我们通过这次教学交流之后，显然也会看到自己尚且存在着一定的差距，甚至对那种高高在上的人来说，那差距还不小呢！

就拿铜中的杨文静老师来说吧，她为人之师刚一载半，而且毕业于非师范学院的中文系，仅就执教这么短的时间，而成熟得如此之速，原本之动力在哪里？即令我们执教三年五载、十年八年的甚至二三十年的老师与之相媲，恐怕不敢说全胜于她吧！杨文静思维敏捷是有天赋，而她的文化知识的厚实和底蕴坚实，我们也能归功于她的天赋吗？这里面暗示着我们：终身学习的提法是千真万确的。假如我们依然执迷不悟，依然自我陶醉，自我欣赏，不具备刻苦勤奋的思想和精神，恐怕不单单是被淘汰的问题，也许是将难于找到学生捧场的机会。假若自知不足而不明，那必然会成为人生的一大憾事矣！

三、缺憾能自省缮，岂不乐哉

年青是人生最值骄傲的资本，年青是人生最能出成效的时期，年青是人生最易羡慕的花朵。资本固有但需把握时机，时机瞬逝花将凋谢，其结果将会如何？本次交流汇成这样的话：为了自己的生存而拼搏！缺憾能自省缮，岂不乐哉！

逆水行舟用力撑

——在 2005 届高三教学与备考研讨会上的发言

各位领导、同志们：

中秋时令，总好像给人带来一种沉静、寡淡的心境。但我以为，秋天无论在什么地方总是好的。因为人们常说"秋天是丰收的季节"。像今天的秋，特别地来得清、来得静。刘勰在《文心雕龙·物色》中说："春秋代序，阴阳惨舒，物色之动，心亦控焉。"是说人的情感随外物变化而变化，春景使人畅怀，暮秋令人感伤。今天，是我们 2004、2005 两届老师与各位领导欢聚在一起，共同探讨高三教学与备考的问题。我想：2004 届的老师们畅谈的是喜悦与丰收，而我们 2005 届的老师们倾诉的是忧虑与艰辛。作为 2005 届老师中的一员的我，间或听到有人议论我是语文组的"掌门人"，此话我实不敢领受。我们既然担任了高三语文课业，那理所当然不容推诿、义不容辞、责无旁贷，应勇当本届教学的急先锋啦！借此机会，我就本届的语文教学与考备谈一点拙见，仅与在座的行家里手商榷，或者说供大家参考。

一、要深思慎取

要实现其某方面的理想，成就其某方面事业，除了要有一定的物质条件外，更需要有坚定的志向和顽强的毅力，特别在研究学问上要"深思而慎取"。"古人之观于天地、山川、草木、虫鱼、鸟兽，往往有得，以其求思之深而无不在也。夫夷以近，则游者众；险以远，则至者少。而世之奇伟，瑰怪，非常之观，常在于险远，而人之所罕至焉。故非有志者不能至也。有志实不随止也。然力不足者，亦不能至也，有志与力，而又不随以怠，至于幽暗昏惑而无物以相之，亦不能至也。然力足以至焉，于人可讥，而在己有悔；尽吾志也而不能至者，可以无悔矣，其孰能讥之乎？"我引述王安石《游褒禅山记》一文的一段话，以示说明面对这一届学生的底子不尽如人意的现实，但我们务必首先作为教师应尽其志，只要每位齐心协力，尽最大的付出了，我们亦就无悔了。这就要求大家务必在端正教风上深思而慎取。

二、要抓纲务本

一个高三教师不能熟练说出教材的编写体例与意图，不能明白每册课本是如何体现《大纲》精神，不能把握《考纲》的导向性和实用性等等，恐怕抓高三教学与备考也只能算蒙着度过教学生涯呀！恐怕我们的学生尽管语文功底差，但也会有人写出自己的妙语连珠警示我们吧！我推测他们会写出如下的歇后：

梦见考试——午睡醒来愁未醒；

模拟考试——出师未捷身先死，长使英雄泪满襟；

考前复习——人不寐，老师白发学生泪；

高考过后——帘卷西风，人比黄花瘦；

面对成绩单——相顾无言，唯有泪千行；

毕业——今年花胜去年红，可惜明年花更好，知与谁同？

为了我校的生存与发展而持续稳定地提高教学质量，为了我们数以百计的学生能在不同层面上实现自己的愿望，为了提高他们将来的生存质量，我个人认为，高三毕业生需要系统复习所学知识，更需要提高分析问题和解决问题的能力。为了帮助他们学习各章节知识，牢固掌握各章节的重点与难点，提高综合应用能力，语文科的复习可按下列方案进行：

分册复习：高三上学期一边授课一边复习，主要是针对会考而为。会考成绩的好坏，关系到毕业生复习的情绪起落。只要抓得好，就是对高考复习一个促进。那就是要做好分册复习，把高中1～-5册需要掌握的重点和要解决的难点提出来。如：

第一册"散文的景和情"，理解文章的阅读；第二册"联想和想象"、"理解文章的句子"、"文言实词应该注意的几点"；第三册"比较阅读"、

"词的活用"；第四册"诗歌鉴赏"、"文言文的翻译"；第五册"语言和语境"等重要知识，这些都要重新提出来。师生要用好教材和《世纪金榜》。这不仅仅是会做课文后的几道练习题的问题，关键是把握好相关知识。只有把课本知识掌握牢固，才能正确迁移。其实，高考知识多来自课本知识的迁移，千万不能忽视课本知识的教学和复习。因此，我们在复习每一册教材时，都要进行单元过关测验。这一轮复习一直进行到会考前夕。

分项复习：即按考点复习。这一轮的复习是非常重要的。

所花时间（至少花两个月，即2～3月份）也是最长的。要全面落实每个知识点，讲清楚每个知识点的要点、规律、方法，让学生能全面地掌握知识。如对"词"这个知识的落实，首先讲知识要求，因中小学课本中出现过的词语相当多，掌握和积累学过的词语，这是语文基础的一个十分重要的方面。但高中毕业生在词语方面至少必须具备三个能力：一是能够准确理解词的含义，以及不同语境中的不同语意。如何把握语境来理解词义呢，告诉学生根据上下文提供的条件，理解词语的具体含义，引申义、比喻义、指代义和特别义等。特别要注意辨析同义词在特定的语定环境中的表达作用。指导他们从感情色彩、语体色彩、语义的轻重、范围、搭配、词性等方面去体会词义细微差别。二是能了解并掌握成语的来源、结构和含义，按2004年考纲说明，还需掌握习惯语等。三是运用词语，能做到准确、生动、鲜明、掌握分寸、恰到好处。这是高三学生在词语方面必备的能力。

在指导复习时，当2005年《考纲》未来时，可参考04年《考纲》。一定要突出每个知识点的重点和难点，把每个知识落实到位。每讲解一个知识点，均要实行过关测试，千万杜绝"夹生饭"。这是花时最长，授课最多的一个复习阶段，也是复习中一个承上启下的重要阶段。这大约需要60个课时，即两个月的时间。

关于写作复习训练，必须指导学生会写记叙文、议论文和说明文，重点是议论文。如何指导他们审题与立意呢？我以为，坚持每周一次作文，老师做到一文只评一点，无需全批全改，甚至可以不批改，但必须统观其文评定一个分数。老师略知全貌后，对典型的优劣作文必须进行点评，以告诫同学们应当发扬什么，注意克服什么。老师指导写作时，必须要有计划有目的地进行，不能盲目地、随心所欲临时布置一道题目让学生耗时费神，做无用功。这必须给有此现象的老师提个醒。最好是老师学习相关时政和最新的杂志，博采众长，为我所用，力争做有效功。

三、定点定时考试，及时质检，查缺补漏

除学校传统月考做法外，每个老师可根据教学情况，确定考试知识点和时间，采取短兵相接的测试方式。因为经过分项复习每个知识后，并非万事俱备。因为学生程度不一，掌握知识的牢固性也就参差不齐，所以，这就需要查缺补漏。这段时间的复习，充分让学生自己提出问题，自己解答，互补互查。老师有时也可以采取针对性地进行专项讲解，那是在学生争论不休时才这样做的。讲明后，及时测试，使之巩固。所以，这个月（即四月份）的复习内容以学生提问为主，但老师也要全面掌握知识，随时准备解难答疑。这段时间的复习，以适应性考试成绩来检验。

四、要综合复习

综合复习可以穿插进行，也可放在五月份进行。可以说进入五月份就到了白热化程度，综合训练成了最后阶段。既是综合复习训练，又是应考的心理训练。老师对套题的使用必须精挑细选，认真设计，要有强化知识和能力训练的意识。一般用 5～6 套即可，采取模拟试卷，主要对综合训练中的难题给予思路上的提示和解题技巧上的辅导，使之赴考时能适应考场环境，提高应试能力，发挥应试潜力。

最后，我想借台湾语文界权威人士黄山谷先生的话，讲一下如何学习上一届老师的长处的问题。黄先生说："人胸中无不用古今浇灌，则尘俗生其间，照镜子觉面目可憎，对人亦语言无味。"如果 2005 届的老师特别是我不认真学习上届的成功经验，那么，我们要培养学生具有厚重的人文性和典雅的语言，甚至要考出好的语文成绩，那必然是难以望其项背了。

各位领导、老师们：我们有了 2004 届老师留给的宝贵经验，有领导一如既往的高度重视和热情关心，有全体老师的协心合作，风雨同舟，和衷共济，只要我们奋力拼搏，以死决战，我们将一定会有良好的回报！

　　上述说法必然有荒谬之处，望各位多多海涵，不吝斧正。

　　谢谢大家！

快速写作是信息时代的需要

一、现实社会的发展需要快速写作

当代社会已进入到一个高速度和高效益的时代，时间和空间的效益观已经深入人脑，人们迫切希望在各种社会生活中能以最快的速度获取最大的效益，不论这种效益是经济的、物质的，还是政治的、精神的，流传最广的民间口头禅"速度就是生命，时间就是金钱"体现了这种效益观。而作为社会交流形式之一的写作，它自身及它所产生的效益也就至关紧要了。因此，各种社会职业的招聘和中学等招生作文考试，都十分突出地加强了对应者在时间方面的限制和速度方面的要求。

写作需要快速，已经提到了全民的议事日程上，它在我们面前展示了无限广阔的前景，特别是社会进化到当今的信息时代，它的一些特殊性能就突露出来，以其自身的风采吸引了人们。

就以高考为例，将过去的与近年相比，命题在内容、形式及分数比例等方面的要求，尽管保持着一定的基调，但无疑是越来越高，每况愈上。无论从作文的赋分，或是写作的方式，还是阅读能力的考查，都说明了快速之重要。概括地说，高考作文从过去的 40 分提升到 60 分（除上海卷提升为 80 分外），分值是由少到多；内容上是从简到丰，认识上是从浅到深，表现上是从易到难，形式上是从单一走向繁多，从单项走向多项，从局部走向全面。随着高考品位的不断提升，而时间又是如此有限，若不研究如何强化速度能去应对纷繁复杂的信息社会吗？千家万户希望子女升学就业快速地、高质量地成人成才，而且所有的人们都用写作的文体在职业方面、审美方面、生活日用方面接收和传递书面信息，谁不希求加快这种传递的速度呢？勿庸置疑，快速写作这正是现实的要求，现实的需要，现实的推动和现实的创造。

二、快速写作为社会各界所重视

凡生活在社会上，无人不以写作作为进行各种各样交流的工具，尽管是发展到现代，交流工具越是先进，但即使先进到想象不到的境地，也不能用机械和电子取代人脑。一切最为先进的机械和电子必须听命于人脑，这是毫无疑义的。因为，人类思维的存在推动了社会的前进，思维能力表现的主要形式之一便是写作。可以说，越是先进和文明的社会，越是离不开写作。完全可以说，写作与人类同在，写作与先进和文明同在，写作将万古长青。

就世界而言，写作是人类的事业；就国家而言，写作是全民族的事业。一个国家、民族的生存与生活，必须进行政治的、经济的文化的等等各种交流，在每个民族的生存史上，全靠写作的成果为它们的当代人服务，也为后代留下了认识、总结的依据。

在实际生活与社会工作中，人们少不了拍电报、写信、签合同、拟字据、打官司、发议论、即席讲话、作报告、抒发感情、述职、辞职、演讲……无一不需要写作的快速化，快速写作成了人们不可缺少的交流手段，成了人们的生活内容之一。

提高全民族科学文化水平当然包括提高快速写作水平，没有提高全民族科学水平的长远战略眼光，怎能推动我国人民在社会主义的改革开放事业中所必须进行的各种各样的交流交往？怎样总结和发展科学文化的先进成果？怎样传播先进思想和精神意志？怎样使全民族都能运用写作为推动社会发展和人类进步服务？

正是在这个意义上，我们才认为，即使是未来的任何时代，也仍然是要求速度、效益和时间的最大利用，即使机械、电子等的先进发展，也只能是传播手段的发展，它们绝不能取代人脑。

因此，快速写作是一个永恒的、新鲜的主题，也是一切最先进的传递工具传递手段都取代不了的人脑的创造性思维，所以，快速写作将永远年青，永远值得探讨和提高，永远为全社会所重视。

三、快速写作是一门科学

快速写作是一门科学，是研究写作过程中各个环节加速度的科学，是研究加快实践方法和理论依据的科学，是研究加快与其它有关科学之间存在着何种必然联系，和如何运用它们来推动快速写作的科学。

事实上，快速写作是建立在思维科学、表达科学、应用科学的基础之上的，是人脑和人体的有机协调和和谐运行的产物。

写作是可以快速的。"记录可以快速，记忆可以快速，阅读可以快速，运算可以快速"，理所当然地写作同样可以快速。我国古代"倚马可待"、"握管立成"、"应声成文"等说法，证明快速写作是勿庸怀疑的，兼之"七步成诗"、"五步成诗"、"三步成诗"的事实，可以打消人们的各种疑虑。"欲速则不达"的古训。其本义是说只顾快不顾质量，终归达不到目标，并不是一味地反对快，在快的同时，按科学办事，按规律办事，保证了质量，就可以欲速则能达的。

倒是另一句成"快刀斩乱麻"却很值得玩味。快速写作正是要在纷乱如麻的生活信息、感受信息等材料中以最快的速度现出一个头绪，又最快地构思乃至勾连成文。这"快刀"正是快速写作过程的选择材料和组织材料两个环节，这不正是所肯定、提倡和追求的吗？

总的来讲，快速写作正是主观与客观相统一、内容和形式相统一、思维和表达相统一的三统一的结晶。

四、快速写作以物质信息为基础

快速写作是现实社会发展的需要。然而它更是写作状况自身发展的结果，具有它坚实的物质基础。

尽管是快速写作，然而它同所有的写作现象一样，不是神秘化的行为，它同样与写作具有普遍的、相同的规律。只不过比一般写作在速度上加快了。同样地，如果快速写作不具备和所有写作者同样的素质、基础，怎样能加快呢？

因此，快速写作实际上是在把握一般写作规律的基础上要求更高了的表现。快速写作同一般写作一样，要具备在思想、生活、知识、技巧等方面的综合写作能力。

任何文章或作品都是客观事物的反映，都是来自于生活的汪洋大海之中的。由于生活和客观事物的复杂多姿、纷纭曲折，因此作者必须具有较高的思想水平和思想修养，必须透过现象正确地了解和认识社会生活和客观事物的本质。思想的高度决定着文章或作品的高度。

古代许多文论家对于写作与生活的关系同样适应于快速写作的状况，例如陆机在《文斌》中就提出过对于作家的担心："恒患意不称物，文不逮意"，表明了作家在写作时思想要"称物…'逮意'"，即要正确反映事物，表现本质。刘勰在《文心雕龙》中更提出"写气图貌，既随物以宛转；属采附声，亦与心而徘徊"，说明了以物为先，感随物出，即作品应该准确地真实地反映客观事物。

社会生活和客观事物的日新月异变化，反映这些变化的信息也是丰富多彩的。因此对社会生活和客观事物的准确把握，也就是对反映它们的信息的准确把握，最终也才能运用信息加快写作速度。对于作者来说，信息是越多越丰富越好，有了信息就有了写作的材料。从快速写作的角度看，材料——信息是从客观事物中储备充裕的信息，以供选择运用。

积累生活就是储备信息。每位作者在深入生活中，吸取营养，丰富阅历，强化认识是至关重要的。作家的思想进步，总是和他厚笃的生活阅历相联系着。越深入生活，越是以主人翁的身份实践，越对社会生活深刻体验，越加提高写作水平，也就越能写出佳作。毛泽东曾说过"人民生活中本来存在着文学艺术原料的矿藏，这是自然形态的东西……是一切文学艺术的取之不尽，用之不竭的唯一源泉"，这段话，仍然适用于快速写作，即作者必须从生活中积累取之不尽的材料，储备用之不竭的信息。

五、快速写作是思维创造的结晶

有了物质基础的信息，快速写作者要怎样处理好它们才能创造出佳作来？

这就取决于作者的思维创造。

有人说"文章好坏取决于技巧"。固然,任何文章的写作离不开技巧,快速写作亦然,但是,仅有技巧未必能产生佳作。许多有技巧的作家都不是仅凭技巧去创造的,他们是以作者的创造性思维产生出佳品来。当然这种创造思维包含了厚笃的生活和深刻的认识,这是自不待言的。

创造性思维之所以重要,是因为写作包括快速写作,作为一种社会现象,离不开主体和本体两个方面。主体是快速写作的作者,本体是快速写作的作品。主体对快速写作具有主导性能,产生主导作用。没有主体的作者,就没有本体的作品。而主体之所以重要,根本原因乃在于:快速写作是人的一种快速创造性思维活动。

这种活动自有它的生理和心理基础。这指的是快速作者的大脑,在快速思维活动中呈一种心理机制的活动。在心理深层,反映出对客观世界和社会生活等信息的感知、认知、析知等结果。加之大脑对写作中文体、主题、结构、语言等写作规律和有关格式的熟练把握,通过快速的手段和方式把它们表现出来,从而形成文章或作品,它们便是思维创造的结晶。

所以,快速写作尤其强调思维的创造性快速活动。

这种创造性主要体现于在运用各种各样的思维活动方式,包括形象思维、抽象思维、分析思维、直觉思维等等,都特别着重发散性的、活泼的、辐射联系的思维能力。从已知的信息中去扩大信息的联系,尽快产生与已知信息相同、相近、相似、或相异、相反、相左的联系,在这些联系中比较分析,从而选择出新的信息来或扩大或深化或丰富已知信息的内容,使信息联系内容丰富绚丽,多姿多彩,多色多义,使无话可写的作者有话可写,有滔滔不绝的话源……

思维创造的快速还体现于尽快地运用快速联系的方法布局谋篇,快速地把握篇章结构的规律和格式,尽快地使自己的写作内容与文章体裁的格式要求相吻合,去对号入座。

六、快速写作是才气文气的展现

快速写作绝不是干巴巴的信息汇聚,而是极富情致气韵的精神和物质的统一体，同样与所有写作现象一样地讲究气韵文彩，由于作者是快速写作的主体，所以快速作者的写作才气起着十分重要的作用。

快速作者的才气同样是作者所具有的思想艺术力量，快速作品的文气同样因作者的才气而获得，并且显示出作品的思想艺术质量来。一分才气产生一分文气，十分才气产生十分文气。反之则否。

古代文论家们指出的"气"的道理同样完全适合于快速写作。魏时曹丕讲"文以气为主"（《典论·论文》）；晋朝刘勰讲"志气统其关键"（《文心雕龙·神思》）；明代方孝孺讲"气者，文之帅也"（与舒君书）；清代刘大櫆讲"气随神转"，"神为气之主"（《论文偶记》）等，都肯定了作家必须有"气"——指挥、支配、统帅文章写作的才气。

快速写作的才气究竟是什么？是一种气质，是作者快速写作才能和才华的内蕴，是作者品质、品格、作风、气度、学识、技巧等等的总和，是作者在快速写作中具有的思想和艺术的力量。对于生理机能而言，人的五官眼耳口鼻舌的表现的视觉、听觉、味觉、嗅觉、触觉等无不有敏捷和迟钝的分野。另外，人的大脑中枢神经系统及四肢等活动，也都要反映出人们才能的差别性。快速写作最重视信息的获取和联系，这就与作者大脑机制活动中的"记忆"很有关系。记忆是"人们在生活实践中先前经历过的事物，在头脑中的印迹和保持的再现"（伍棠棣《心理学》），若作者记忆中的信息多而博，则快速写作中构思时的信息联系的天地就大大地广阔起来，并且可供选择的信息面也就会充实而丰富，有利于作者快速选择最佳的、最适宜的信息来进行写作。若生理机能活畅，则心理机能自然通达，生理、心理才华和才能发达，使人的品格、心情、气质、学识等自然展现出才华和才能来，即如"信息"一点来说，生理、心理机能活动畅达，其联系的"面"必然宽泛。

这两者活跃起来，一方面是快速作者的品质、性情、才情等推动快速写作，一方面则是快速作者的技巧、知识、规律把握等也推动着快速写作。所以，我们主张而且强调快速作者必须提高自己的才气水平，即在思想、生活、知识、技巧等方面的快速写作能力。这些能力宛如车轮的动力，有了动力，车子自然就能飞速地前进在大道上。

古今中外许多快速创作的先贤们在这方面为我们树立了榜样。诸如建安时期的曹植七步成诗《豆箕》，而幸免其兄魏文帝曹丕忌其才欲图加害一死；晋朝赫赫有名的权臣桓温，北征鲜卑时，要从征的袁虎为他起草一篇紧急公文，由于要得很急，命袁"倚马作文"，袁虎运用快速写作法，站立靠着马背写，"手不辍笔，俄得七纸，殊可观"（《世说新语·文学》），留下了"下笔千言"，"倚马可待"的快速美名。唐朝的史青比曹植七步成诗更快两步，即自告奋勇在除夕之夜向唐明皇奏上一首五律：

今岁今宵尽，明年明日催。

寒随一夜去，春逐五更来。

气色空中改，容颜暗里摧。

风光人不觉，已入后园梅。

同是唐朝，柳公权的速度更快，创造了三步成诗的记录。据《旧唐书》及《新唐书》记载，当皇帝赠赏一件春衣给他时，他"高兴之极，以此为题，三步成诗曰：

去岁虽无战，今年来得归。

皇恩何以报，春日得春衣！

流传最广的快速写作佳话要算唐初四杰之一的王勃快速写《滕王阁序》。按照《唐摭言》的记载，十四岁的少年儿童王勃能快速写出如此具有文才雄才的文章，使都督阎公由最先不快"大怒，拂衣而起"，到中间的"沉吟不言"，到最后的"矍然而起"并给王予高度赞誉"此真天才，当垂不朽矣"，直到"极欢而罢"，说明了王勃的快速写作确乎是不寻常不一般的，极其特殊地超过了他的同龄人。

（此文获全国教师论文大赛一等奖）

加强教师队伍建设必须与时俱进

　　《中学教师专业标准》是由教育部于 2012 年年初颁布的。她的诞生既是教师职业发展的一件大事，也是教师职业生涯的法宝。《国家中长期教育改革和发展规划纲要（2010—2020 年）》明确提出："要把提高教育质量作为教育改革发展的核心任务，并把建立一支师德高尚、业务精湛、结构合理、充满活力的高素质专业化教师队伍，作为全面提升教育质量的重要保障之一"。这一指示精神昭示着我们：教师质量如何，直接决定了我国能否实现以人力资源大国向人力资源强国的转变。《中学教师专业标准》的制定颁布，是我国教师教育标准体系建设的重要内容，是落实《规划纲要》的一项重要的具体措施。

　　《专业标准》在内容上注重："专业理念与师德"、"专业知识"和"专业能力"三个维度。这既是一种标准和要求，更是一个发展平台。教师可以按照标准要求来规范自己的教育教学行为，而教师管理部门则应按《标准》所规定的内容为广大教师提供适当的教育和培训，不断提升教师的专业素养和能力水平。

　　教师的"专业理念"是指教师在理解教师工作本质基础上，形成的关于教育教学的观念和信念；而"师德"是指教师在教师职业生活中，调节和处理各种关系所遵循的基本行为规范和行为准则，以及遵循这些规范所表现出来的观念意识和行为品质。"专业理念与师德"。既超越了"专业理念"所属的"认识论"范畴，延伸到情感、意志和行为的层次，也超出了一般意义上的"师德"范畴，不仅要求教师遵循基本的教师职业道德规范，更要求教师形成坚定的道德认同和信念。

　　要建设与时俱进的教师队伍，就必须具有专业知识。因为"专业知识"是教师为了履行教育教学职责所必须具备的知识。这知识既有指"教育知识"又有指"学科知识"。所谓"教育知识"指的是教师在从事教育教学过程中应该掌握的教育学知识和心理学知识；是在使教师掌握教育教学的基本规律，了解学生发展过程中的生理和心理特点，并能够运用科学方法有效地对学生进行教育和管理；"学科知识"指的是教师应该掌握的有关任教学科的知识。学科知识是教师从事教学的基础与前提。"学科知识的基本要求主要包括三个方面；一是所学科的基本知识、基本原理与技能；二是所教学科的知识体系、基本思想与方法；三是所教学科与其他学科及实践活动的联系。这对中学教师学科知识的要求不仅体现在"量"的方面，更体现在"质"的方面，即要求中学教师不仅要系统掌握任教学科的内容性知识，更要对所教学科的知识整体有一个结构性把握；不仅要理解和把握学科知识的内在逻辑与结构，更要与相关学科知识和社会实践建立起联系。

所谓学科教学知识，是指教师在面对特定的主题时，针对学生的不同兴趣与能力，将自己所掌握的学科知识转化成学生易于理解的形式，并进行教学的知识，是教育知识和学科知识融合的产物。学科教学知识是由美国学者舒尔曼（Shulman）提出的一个概念。在舒尔曼看来，学科教学知识是区分学科教师与学科专家的一种知识体系。中学教师的学科教学知识主要包括两个方面，一是依据国家课程标准进行课程开发的知识；二是根据中学生学习具体学科内容时的特点开展有针对性教学的知识。

"专业知识"还涵盖着"通识知识"。这"通识知识"规定教师应该掌握四个方面知识。一是自然科学和人文社会科学方面的知识；二是有关艺术方面的知识；三是信息技术知识；四是有关中国教育国情的知识。现代教师只有建立起精深而又广博的知识结构，其教育教学工作才能左右逢源，得心应手。中学教师具有宽厚的科学、人文和艺术方面的知识与修养，旨在使教师的专业发展，建立在教师作为一个人的全面知识和健康发展基础上，教师具有现代信息技术知识，是因为它是现代信息社会中中学教师应有的基本素养。教师了解中国教育的基本情况，是期望中学教师的教育教学不脱离当下中国的教育实际。教育知识，学科知识和学科教学知识则是中学教师专业知识的核心，是中学教师专业发展的关键。

建设与时俱进的教师队伍，还应当具备"专业能力"。这"专业能力"

涵盖着"教学设计"、"教学实施"、"班级管理与教育、教学评价、沟通与合作"和反思与发展等六大领域的能力。教师的专业能力提升是一个终身不断的持续过程。特别在终身学习社会中，教师只有具有自我发展能力，才能不断提升自己的专业水平，从而适应教育教学工作的需要。

概括地讲，教师队伍的建设就是要把"学生为本、能力为重和终身学习"等基本观念贯穿于教育教学全过程中。只有这样，我们的教师才不与时代落伍，才能担负时代赋予的使命，才能秉承传统文化，才能创造出灿烂多姿的新文化来。

（本文获全国教师论文大赛二等奖）

科学之真与艺术之美

——教师专业发展

十年树木，百年树人；百年大计，教育为本；教育大计，教师为本。在新的历史条件下教师的职业发展怎样才能与中华民族伟大复兴同步，甚至提前，从而担负艰巨的历史使用？我以为，教育要创新，必须加快教师专业化发展的步伐，需要有一大批教育艺术家引领。教育艺术家的成长是一个探科学之真、寻艺术之美的过程。

一、教师职业的发展历程：从兼职到专业

教师，作为人类社会最古老的职业之一，已经有几千年的历史。但是，教师职业的专业化，才有几十年的历史。教师产生、发展的历程是和社会分工的出现与深化、教育的产生与发展相伴而行的。早期的教师，是承担教育之责的部落首领、长者和能人，可以说，这个阶段的教师，其实就是兼职，是原始社会部落首领的一种副业。这个时期教师身份的特征，类似于后世所说的"政教合一，官师一体"。从远古时候开始，古人就懂得有意识、有步骤地把生产知识技能、生活经验、风俗习惯和行为准则等传授给年轻的一代，如古代传说中所说的燧人氏教人钻木取火，有巢氏教民构木为巢，伏羲氏教民以猎，包牺氏教民以渔，神农氏教民稼穑，仓颉氏造字，等等。可以说，教师，从诞生伊始，就传承和光大了人类的文明。

教师成为一种职业，伴随着学校教育产生和发展，这是奴隶社会兴起之后的事情。人类进入现代社会，生活技术和社会文明的进步失去了各种职业的专业化进程，教师职业也不例外。1996 年，联合国教科文组织在和国际教育大会上曾提出"在提高教师地位的整体政策中，专业化是最有前途的中长期策略"，"教师专业化"成为许多国家关注的中心和焦点主题之一。今天，

167

教师专业化已经成为是世界教师教育的发展趋势和潮流，是实施科教兴国战略的需要。教师作为一种专业，有着"专业"的一般属性：（1）是一种技术职业，为社会提供不可替代的服务；（2）专业的服务在社会中得到认可和尊重；（3）专业形成对本行业发展具有促进作用；（4）专业从业者需要经过长期有效的培养与训练。

二、教师的专业发展

（一）教师专业化与专业化的教师

教师专业化的概念包含两个方面：一是教师职业的专业化；二是教师个体专业化。

教师职业的专业化是从事教师职业的一群人，通过其对社会的服务和贡献，使教师职业逐渐达到专业标准、获得专业地位，成为专门职业的努力过程。教师专业化的揭示了现阶段教师职业的性质和发展状态；教师职业离成熟专业的标准还有一定的距离，教师职业是一个"形成中的专业"，教师专业化是一个不断深化的历史过程。教师个体的专业化是指教师个体专业水平提高的过程。它贯穿于教师整个专业生涯之中，它是指教师依托专业组织，通过终身的专业训练，逐步提高从教素质，使其具备教育专业知识技能和专业道德的成长过程。

经历了教师职业的专业化，使一类人成为了教师，具备了从事教育工作的资质。而专业化的教师，则是教师个人修炼的结果，是教师成长的必经阶段。

（二）从技术型教师向反思型教师迈进

教师形象是人们对教师仪表、教学举止、教学语言和礼仪表现上的一种宽泛意义上的界定。苏联著名教育学家乌申斯基说过：教师的言行犹如一本教科书，任何的道德箴言和任何的惩奖制度都不能替代的一种强大的教育力量。同时，教师形象折射出不同时代和社会赋予教师的期望，并且反映了其特定的教育理念和价值追求。

1. 经验型教师：教师形象的凝固特征。教师作为一门古老的职业，在古今中外几千年的历史时期内，都是以"经验型教师"的形象深入大众心中的。

在这种固有的教师形象背后，却隐含着对经验的极度依赖。在教学的过程中，教师作为"话语的权威者"在很大程度上扮演着学习材料传递者的角色。

19 世纪初，受行为主义理念和科学主义思潮的影响，美国以崇尚技术理性的哲学思想为引导，按照科学主义的教学规律，塑造符合"社会理性"的标准化公民。因而，当时的教师教育更加注重对教师的技能训练，为学校教育带来新的改观。"技术型教师"也因而成为当时美国教育所塑造的新教师形象。

进入 20 世纪，在崇尚"科学理性"的西方世界，教师的形象被赋予"技术的、理性的、经验的"等整体性特征。

2. 反思型教师：对传统教师形象的超越。经验型教师过度崇尚科技与经验带来的教学效果，必然导致其教学视野的狭隘与知识的浅薄，"创新"由此也被这些固有的技术、经验拒之门外。经验型教师所采用的线性知识传授方式，仅限于程序式的一套方法，难以考虑到不断变化的教学情境，对课堂中即时产生的教学问题也难以关注和把握。所谓的"一言堂、填鸭式"的教学正是经验型教师惯用的教学方式。这种非人性化的教学方式，很大程度上限制了学生的创新思维能力和个性化发展，学生也因此成为了"教学工厂"生产出来的模式化产品。学生处于被动的教学地位，这种独白式的课堂在追求互动和对话式课堂的今天，势必被新型的教学形式所替代。

20 世纪 80 年代以来，受后现代主义哲学思潮解释学与后结构主义的影响，不少学者对现代范式下传统的学校教育以及课程设置与教学结果进行解构，并对经验型的教师形象进行了批判反思，由此提出了"反思型教师"的新概念。反思型教师是对以往经验型教师的超越，是指教师正在成为一个能不断地进行自我审视、自我总结和自我提高的教育者，即成为真正意义上的教育反思者。从实际的历史角度出发，宏观意义上的教育每一次飞跃都是建立在人类反思的基础上的，是对旧有模式的创新；教师的每一次进步，也同样是反思过程的升华。因而，反思型教师是教育发展的必然要求，也是完善教师角色的新定位。

三、教育艺术家：教师理想形象的塑造

21世纪，人类更加崇尚创新，创新是一个民族发展的灵魂。学校，作为传播和弘扬人类文明的最重要的场所。创新是其发展精神的必然内涵。已故著名教育家吕型伟先生曾经说过"教育是事业，其意义在于奉献；教育是科学，其价值在于求真；教育是艺术，其生命在于创新。"

是的，教育是科学，也是艺术。不懂教育艺术就不可能成为一个优秀的教育工作者。著名教育家、国学大师李燕杰先生多次说过："人创造了伟大的艺术，伟大的艺术又创造了全新意义上的人；人创造了教育艺术，教育艺术必将增进人的智慧，创造人们更美好的灵魂。"

教师内涵的每一次提升，是教育发展的需求，是人类进步的表现。但是，从经验型教师到反思型、专家型教理，从能者为师到学者为师，都只是注重了教师素养中的科学品质，注重了教师的理性特征。很显然，这样的界定不足以描述理想的教师形象。为此，需要进一步丰富教师形象的内涵，李燕杰先生说："让教育成为艺术，智慧淡定；仁爱、持重；勇敢、从容！让每个第一都能造福同胞，造福人类。"要改变将学校作为"教学工厂"、"学生批量生产车间"的现状，必须先改变教师的形象。教师要成为教育艺术家。什么是教育艺术家？李燕杰先生曾专门研究过近百年来我国那些成功的大教育家，如蔡元培、张伯苓、黄炎培、熊希龄、陶行知、吴玉章、黎锦熙，等等。经过研究，李燕杰先生发现："这些大师级的教育家，无一例外，既是教育战略家，更是教育艺术家。他们深邃的思想、超前的理念、成功的实践，无不昭示着他们对教育艺术的纯熟理解和自如把握。"教育艺术家并不是高不可攀的，是对遵循教育规律、崇尚教育科学、讲究教育艺术、引领教育创新教师的形象新概括。

教育艺术家首先是专家型教师，他们拥有专业的知识，工作是高效率的，具有创造性的洞察力，教育艺术家集科学之真与艺术之美为一体，教育艺术家追求真理，崇尚理性；同时，还把教育活动作为一种艺术，一种创造性的活动，一种追求美的形式和美的感受的活动，并追求美的体验。

教育艺术家是经师与人师的结合。按照启功先生的说法，就是"学为人师，行为示范"，就是"所学要为世人之师，所行应为世人之范。"学是指每位师生应具有的学问、知识和技能，学为人师，就是要使"学"能与为后学的师表。行是指每位师生应具有的品行，行为示范，就是要方方面面，时时刻刻，都光明正大，能够成为社会中的模范。

教育需要有科学的骨骼，也要有艺术的品格，学校不仅是学园，也应该是家园，是乐园。求知，是梦想照亮现实、智慧成就人生的过程，这一过程，需要有艺术的灵魂来引领。我相信，学校有了教育艺术家，学校将成为创新精神的策源地、放飞理想的梦工厂。

四、成为教育艺术家：教师专业发展的远景

教师怎样从职业到专业，从生手到高手，从优秀到卓越，从技术型教师到艺术型名师？应该把教师的专业发展作为一个系统工程来抓，教师要有终身学习的规划和行动。具体地说，有三个方面需要重视。

（一）既重职前，更重职后

教师的职前教育只是教师获取从教资格的条件。对于已经具备从教资格的教师，要从"专业化"角度整体设计和规划教师专业发展问题，为教师的专业成长寻求充足的"在职教育"支持。

（二）既重理论，更重实践

成长为教育艺术家，首先要成为所教学科的专家。一些人认为教师不必是学科专业的专家，但却必须是教育和教学的专家，它的学科知识只需要严谨、基础性和系统性的就可以。但是，那是对于普通教师而言。此外，要重视教育学、心理学等知识的传授和基本功、基本技能地培养。更重要的是要加强对教育实践的反思，要着眼于提高教学实践能力，积极参与培训，在工作中学习，在学习中反思，在反思中提高。

（三）既重共性，更重个性

教师必须尊重社会对教师职业的角色要求，但是，并不否认个性的存在，相反，应该重视教学个性的张扬。

艺术的鲜明特征就是个性。个性也是创新型人才的一个显著特征。教育之美,教学之美,从某种意义上说,是一种个性之美。保持自己良好的个性品质,发挥优势,让教学拥有更多的个性,让教学的个性绽放绚丽的色彩,是教育艺术家的显性特征。

　　教育艺术是尊重人、爱护人、理解人、帮助人、珍惜人的艺术。但是,每个人的行为都有着鲜明的个性色彩。可以说,教育,因为有着艺术的品格而洋溢着人性的温暖。

　　梦想照亮现实,艺术浸润教育,当我们把教育视为艺术,当教育艺术家风采成为学校亮丽的风景,校园一定会充满阳光与幸福,成为师生的精神家园。

谈《鸿门宴》人物语言

《鸿门宴》艺术上的显著特点，就是人物语言洗炼、传神、富有个性。

示例一："臣与将军戮力而攻秦，将军战河北，臣战河南，然不自意能先入关破秦，得复见将军于此。今者，有小人之言，令将军与臣有隙……"

这是刘邦对项羽说的一段话。本来是假话，却使对方真假难辩。这话，先以"戮力攻秦"提醒对方两人的公谊私交，从感情上打动项羽，进而以"不自意"表白自己无意称王，从思想上麻痹项羽。接着又以"小人之言"轻轻一推，从道义上责备项羽。这一推，推得巧妙。意思是说，我刘邦忠心耿耿对你，你却听信小人之言怀疑我。假戏真做，分明实有其事，却有意在言外怨诉委屈；分明包藏野心，潜台词却埋怨责备对方。项羽是骄矜的，他不会容人指责。但在刘邦貌辩似白而实为指责的言词中，不知不觉地被击中，被麻痹了。寥寥无几句话，使一个工于心计，巧言善辩，机诈权变的刘邦形象栩栩如生地站在我们面前。

示例二："此沛公左司马曹无伤言之，不然，籍何以至此？"

这是项羽的一段答话，言词更少，而项羽坦率轻信，盲目自大，沽名钓誉的形象却刻画得入木三分。这话是说我项羽顶天立地，全是你部下曹无伤的挑拨、陷我于不义。不加分辨，全信了刘邦鬼话；又重重一推，脱掉自己干系。也是一推，推得愚蠢。不仅以假当真，承认攻刘备的不义，而且不知利害，交出了藏在对方的内线。同足"推"，刘邦的"推"是退中有进；似退实进；项羽的"推"则是落荒而逃，藏头顾不了尾。刘邦的"推"，化险为夷，且巩固了内部组织，项羽的"推"，则推掉了取胜的机会，还不知不觉地充当了刘邦想找而难以找到的告密者的角色。项羽如此，自然是为了一个"名"字，"沽名钓誉"至此，真可谓写绝了。这就有力地揭示了《鸿门宴》这场斗争何以以项羽的失败而告终的内在原因之一。

举隅一二，着墨不多，而人物性格十分鲜明。写人物语言如此简练，内涵却又如此丰富，这就叫做"借一斑略知全豹，以一目尽传精神"这也令人击节称羡的。

（刊载于 2009 年第 4 期《高校招生》）

诗歌教学艺术探微

　　人来到这个世上就需要表达，即使是一个哑巴，也有其肢体语言。对于健康的人来说，语言的表达成了沟通思想、交流感情、传送信息的重要的方式。语言的表达形式，最耐人寻味首推诗歌语言。诗歌有着独具的至高魅力，因为拥有语言美、音乐美、绘画美和建筑美等见长，所以有"诗言志"之言论。即能陶冶人的情操，净化人的心灵之艺术功效。对于受教育对象的学生而言，他们正处于人生观和世界观形成时期，享受诗歌美的熏陶尤为重要。为了满足其心灵健康成长与发展的欲望，为师者致力于诗歌教学艺术的研究也便到了刻不容缓的地步了。我以为，教学中可从以下方式去尝试。

一、秉承传统式的朗读悟性法

　　人们常说："熟读唐诗三百首，不会吟诗也会吟。"这话正表明了千百年来的朗读是十分奏效的。学生对诗歌语言领悟性犹如一个脱胎婴儿自然有着寻觅奶吃的贪欲性似的。学生随着年龄的增大和学业知识的增加，他们定然能在不断的朗读中尝出其中甘饴。老师在阅读教学中必须突出字、词、句的基础知识训练和听、说、读、写的基本技能的培养这个重点，在此前提下朗读的要求比讲解更重要，它是增强阅读兴趣、阅读能力、理解古诗内容和体味作者感情的十分重要的手段。譬如骆宾王的《鹅》这首诗，学生反复吟诵后方能感受到它的节奏感和音韵美的特点。然后，老师再提出几个问题引导学生思考：

　　(1) 鹅叫的时候，脖子是什么样子的？(2) 鹅的毛和脚掌是什么颜色？(3) 鹅在什么颜色的水里游？是怎样游水的？学生脑海里便能出现相应的画面，初步读出诗情画意，也培养了学生的形象思维能力。

　　可见，传统的朗读悟性法无论小学、中学和大学的教学都是十分管用的。

二、思索提升式的比较鉴赏法

中国有句俗话叫做：不怕不识货，就怕货比货。毛泽东也曾说过"有比较才能有鉴别"这样的话。其实，这都告诫人们："凡事均有思索。"诗歌教学毫不例外也更需思索提升式的比较鉴赏法，同一作者所写不同诗作，不同时期所写的不同内容，同一风格出于不同作者，这都需要进行比较。例如《沁园春·长沙》和《沁园春·雪》同出于毛泽东所撰，一是创作时代不同，前者是1925年，后者是1936年；二是主旨相同，都是鼓舞无数的革命战士和广大人民投身到革命的大风大浪中去为砸烂旧世界，建立新世界而奋斗；三是写景不同，前者写的是一幅富有生气的秋景图；后者写的是一幅冰封雪积的北国风光图。不管同作怎样比较，都足见伟人不凡的气魄。通过比较鉴赏，还可以让学生领悟出古人写秋景和今人写北国都很难达到毛泽东那种驾驭语言的能力，都很难达到那般情景交融、炉火纯青的程度。但是，通过比较鉴赏，至少给学生指明了锤炼语言和陶冶情操的方向。

学生有了方向，就可以顺着这个方向自行揣摩比较诸如此类的词作，就可以感悟什么是豪放派和什么是婉约派风格，就可以仿写不同流派风格的作品。经过一个阶段的训练，学生定然会产生浓厚的兴趣，必然能将诗歌品出味来，必然能创做出较高水平的东西来。

三、倡导援救式的解读法

实际上，我们在教学过程中逐步培养学生学会文化积淀、储备大量的知识信息之后，就需要引导他们能以浅显的诗句去解读深奥的诗作。例如，用杨万里的"小荷才露尖尖角，早有蜻蜓立上头"的诗句去悟出龚自珍的"我劝天公重抖擞，不拘一格用人才"的诗句，学生自然会明白怎样发现人才和善待人才，从而认识到人才的重要性。

我在教高中第三册语文时，就把课内和课外补充的总共10首诗归为三类：第一类，描写爱情甜蜜的：《邶风·静女》；第二类，表达爱情观的：《郑风·出其东门》《鹊桥仙》《偶然》《致橡树》《我愿意是急流》；第三类，反映婚姻不幸的：《卫风·氓》《迢迢牵牛星》《孔雀东南飞》《钗头凤》，我把它们印发给学生，并要求准备课堂讨论。

讨论前，我作了一些诱发。例如，为了更好地解读《错误》一诗中的"你的心是小小的寂寞的城"一句，我便跟学生们一块唱周华建的"花的蕊，开在蕊中，空把花期都错过，你的心，忘了季节，从不轻易让人懂"，唱毕，同学们马上就理会女子因失望而将心门紧紧关上的感情。

课后，同学们大多能采取援救式的解读法去完成这 10 首诗的阅读与理解，他们利用这把钥匙去阅读了大量的唐诗宋词。

自古而然有"教无定法"之说，但不等于不讲法子。只要为师者善于研究法子去激发学生的思维，就能挖掘其很大的潜力；只要我们每位语文老师都是动脑子开采每位学生的矿产，就会不断锻造出高产量和高质量的金子。教学从来就是如此。

（刊载于 2011 年第 5 期《高校招生》）

语文课堂教学中学生创新能力培养之我见

培养学生的创新精神和创造能力，是时代的要求，是人的自身发展要求，也是素质教育进一步深化的必然趋势，更是"少教多学"理念的具体体现。那么，怎样才能培养学生的创新能力呢？笔者就此试论如下：

一、营造良好的教学环境

环境育人是培养创新能力的前提。师生关系必须是平等、民主、和谐的关系，必须是相互信任、相互尊重、相互配合的关系，必须是知己知彼的关系。只有这样，教者才能愉悦地传授知识，学者也才能欢欣地接受知识。那种唯师是尊、一切以师为准的做法，只能让学生怯懦地学习。教师应尊重每一位学生，更要尊重学生的个性差异，让学生在心理轻松的情形下形成一个无拘无束的思维空间。这样，学生就能积极思维，大胆提问，勇于、乐于、敢于创新地学习。

二、激发学生学习的兴趣

常言道："兴趣是最好的老师。"读书有了兴趣，就好比吃东西有了胃口。教者必须考虑到什么样的教学内容采用什么样的教学方式去调剂学生的读书口味，让他们在每堂课都能有喜欢该堂的思想。如：教舒婷的《致橡树》一诗时，教师可积极地向学生坦然表达男欢女爱实属人性成熟的本能特质；但要让学生知道如何向上、积极、健康地去爱、去思、去恋，就必须教育学生要具有良好的心态和正确的人生观、世界观和价值观。如此教育学生，学生必然会产生强烈的求知欲，就能自发地向教师质疑，在从质疑到释疑的过程中培养其自制力。有了兴趣，就为完成其教学任务提供了强有力的保障。

三、开发"大脑金矿"

人的大脑蕴藏着许多"金子"和"银子",但这需要我们去开发。说起开发,就是培养学生的想象力和发散思维力。想象是创新的源泉,没有想象力就不可能去创新。如:我教《蜀道难》一诗时,就下意识地让学生通过想象去读诗、品诗,甚至去创作诗。这样就能加深对课文内容的理解。

善于发明创造的人,大部分是从发散思维开始的。发散思维即多向思维。当学生去分析或写作文章时,可指导他们按不同的方向去探究,从不同的角度去领悟底蕴。这样,就一定会有不同的答案,其中也必然有许多真知灼见。例如:在讲述《东施效颦》故事作文时,我足这样指导学生从做事中提炼观点的:①爱美之心人皆有之;②劳动可以创造美;③嫌贫爱富要不得。学生听后,思维一下子就活跃起来了,很快地完成了写作任务。可见,拓展思路是学习的方法要领之一,也是提高能力的重要途径之一。

总之,在语文课堂教学中,教师必须高度重视对学生创新能力的培养,培养出学生的自信力和自强力,提高学生崇尚科学、勇于探索的意识。如此施教,方能收到事半功倍的教学效果。

(刊载于 2012 年 8 月《中国教研交流》)

谈语文训练的方法与目的

《现代汉语词典》说，训练，有计划、有步骤地使更具有某种特长或技能。也揭示了训练的应有意义。就语文训练来说，重在基础，讲求实效，学生本位，自主探究，发展为本，终身学习。具体而言，则为"写，说，读，做，完成"五大动作训练，指令简单，明了，具有规范性、操作性、实效性。

写字、说话、听话、读书，作文，语文五大支柱的听说读写，贯穿其中，也该说，这样的一种训练，为语文基本的读写能力的"过关"，奠定了坚实的基础。

一、语文训练之方法

孔子说"学而时习之"就是一种法子。

（一）训练是一种有效的方法

教学生习字，教学生读书，教学生作文，是训练其习字，读书、作文的方法。所谓授之以鱼，不若授之以渔，正是这个道理。方法，主要是思想方法。台湾哲学家傅配荣先生强调了这一点，他在《哲学与人生》一书中指出四种思想方法：逻辑，语言分析，现象学，诠释学。逻辑，即人们思维的规律和方法；语言分析，表达的效应；现象学，辩物的策略；诠释学，阅读的途径。此四种方法，亦要在训练。

譬如傅佩荣先生讲阅读的四个步骤：（1）文本究竟说了什么？（2）文本想要说什么？（3）文本能够说什么？（4）文本应该说什么？这是一个哲学家眼中的阅读，可为语文教学、语文教师借鉴。其中"究竟"、"想要"、"能够"、"应该"，就是阅读训练中的探根究底的根本方法，这种方法的习得，从训练来。

（二）训练是一个渐进的过程

跟课程是过程，教学是过程一样，训练也是伴随学习始终的一个过程。

就拿诵读为例来说吧！诵读是一种教学过程，目的在培养学生的理解和写作的能力。教学的时候先由教师范读，后由学生跟着读，再由学生自己读，有时还得背诵。除背诵外却都可以看出。"范读"、"跟读"、"自读"、"背诵"，诵读就是这样一个完整的训练过程。诵读虽然该用说话的调子，可究竟不是说话。诵读赶不上说话的流畅，多少要比说话做作一些。诵读第一要口齿清楚、吐字分明。唱曲子讲究咬字，诵读也得字字清朗；尽管抑扬顿挫，清朗总得清朗的。只是这种法子如今却被人们淡化了，当下固本卷土重来才是。

（三）训练是互动教学的理念

训练是学习主体间的多元互动。训练更多的是主体间的输入与输出活动，所谓"独立"的训练，也建立在此种基础之上。

首先，要训练"学会"，其次，要训练"会学"。而在"学会"、"会学"的基础上，更有对学习主体的主动性、灵活性，创新性与实践性的高要求。更强调在使用中训练，在生活中的训练，在交往中训练，在实践中训练。

而新的学习方式也在不断催生新的训练样式，"自主、合作、探究"，正是训练样式的创新。在这里，训练主体是自主的，在学习活动之前自己能够确定学习目标、制定学习计划、做好具体的学习准备，在学习活动中能够对学习进展及学习方法做出自我监控，自我反馈和自我调节，在学习活动后能够对学习结果进行自我检查，自我总结、自我评价和自我补救，这就是自主的训练。

训练主体是合作的：在小组或团队中为了完成共同的任务，有明确的责任分工的互助性学习。合作学习者必须积极的相互支持、配合，特别是面对面的促进性的互动；积极承担在完成共同任务中个人的责任；期望所有训练者能进行有效的沟通，建立并维持小组成员之间的相互信任，有效的解决组内冲突；对于个人完成的任务进行小组加工；对共同活动的成效进行评估，寻求提高其有效性的途径。

训练主体是探究的：探究学习即从学科领域或现实生活中选择和确定研究主题，在训练中，创设一种类似于学术（或科学）研究的情境，通过自主、独立地发现问题、实验、操作、调查、搜集与处理信息，表达与交流等探索活动，获得知识、技能、情感与态度的发展，特别是探索精神和创新能力的发展。

二、训练的目的性

训练既是过程，也是结果。训练更是方法，也更是目的。

首先，训练是一种积累——通过训练积累。

积累，是从（课程）理念，到（课程）目标，到（课程）内容，到（课程）实施，到（课程）评价的一个概念；同时，它又是涉及诸如生活积累、文化积累、知识积累、人生积累，语文积累等在内的涵盖十分博大的概念；而单就语文积累而言，又有语言积累，阅读积累（包括古诗文和浅易文言文的积累），写作积累（包括创作素材的积累），等等。方方面面交叉、层叠、枝蔓。

怎样把握积累这一概念呢？第一，积累是一个复杂的、复合的概念，不是简单的一两句话能概括得了的，即使很费劲也概括了，恐怕也难以周全，所以课程标准未曾对积累稍加定义。第二，积累应分出从宏观到微观的不同的层面、层次。"语言积累"、"古诗文积累"、"语文积累"尽管可大致包括积累的几个方面，但也过于简略，论述不够清晰，没有触及积累概念的底蕴。第三，积累的客观层面、层次，应提升到情感态度和价值观的高度。当今语文教学改革的新理念都具有情感态度和价值观的要素，积累亦莫能外；也只有提升到这一高度，它才能获得深泓的理论源泉。第四，积累的过程和方法应被高度重视，强调有序和渐进、梳理和弥补，随时调整远中近期的目标，确定每个时段的积累重点，为终身学习发展奠定基础。第五，积累中的各个子系统之间呈现有机联系的状态，它们彼此沟通、贯穿、交叉、包容，相互促进推动，以实现共同的丰富和深化。

但怎么地说，一个由少而多，逐渐聚集的"积累"，其整个增多的过程，就是训练的过程。

其次，训练是一种感悟——通过训练感悟。

"感悟"，是一种新的阅读观念：阅读过程，就是一个意义建构的过程，即引导学生不断建构文本意义的过程。它是一个从文本的细节、局部导向对文本整体意义的"整体感知"的阅读心理过程。

每个学生都在进行"感悟",都站在各自不同的角度进行"感悟",都有自己"感悟"的言之成理、持之有故。这种"感悟"有文本的情境再现,有学生个人经验的注入,有相互间鉴赏点评的影响,这就形成了一个学生与学生之间,学生与文本之间,学生与老师之间的多向互动沟通的生

动的"对话"。而语文教学是需要"悟"性的,对老师、对学生都是如此。"悟"性靠培养、靠引导、靠训练。

例如,我们去品赏王维的"大漠孤烟直,长河落日圆"诗句时,我们则可"悟"出数学的圆形;可"悟"出科学的天理;可"悟"出艺术画面;可"悟"出人文的情感、价值与美……

再次,训练是情感培养——通过训练培养情感。

语文是引导学生读书的过程。引导学生喜欢读书,让他们把读书当作生活的第一需要,把读书当作生命的毕生追求。这样引导持久则语文教育达到了目的。反之,是为语文的悲哀。

而学生这样一种对于读书的喜欢,是透过训练,渐进地潜移默化地培养起来的。比如:

通过训练,学生会诵读,抑扬顿挫,清新朗润……

通过训练,学生能认真、会思维,善表达,言之成理,持之有故……

通过训练,学生会观察、会调查、会访谈、会阅读、会思考、会作文、表情达意,文从字顺……

通过训练,学生能"自主、合作、探究",个性、创新、发展。

总而言之,训练,存在于整个教学(学习)过程中,孔子的"学而时习之",一直温暖着我们这个民族的读书人。"拳不离手,曲不离口"更是道出了训练的真谛以及强调着训练的韧性与执著。对语文来说,小到识字写字,大到读书为文,无不是由训练一步步做起,如流之贯穿,如煮缣之使熟,训练乃学习之法门。

语文教育应该走民族化的道路

中国现代语文教育诞生已逾百年，发展至今，无论是圈内人士，还是圈外人士，凡是有良知的人都在大声疾呼：中学语文教材是一个充满着极富魄力的语文世界，语文教育已到了非改不可的地步。改的路在哪里？众说纷纭、莫衷一是。有坚持语文工具论的，有高倡人文性的，有主张语感中心的。而依笔者拙见，语文教育应该向传统回归，走一条民族化的道路。

这几年来，常有人说："现在'年'味越来越淡了。"连中央电视台每年为全国人民准备的"年夜饭"——春节联欢晚会也魅力日减。不仅春节如此，其他一些传统节日与民俗文化也在日渐淡出人们的生活，寒食节日不待说，重阳节、端午节在一些年轻人眼里已远不如情人节、愚人节那么重要。而西方一些宗教性的节日如圣诞节、复活节，却是长驱直入，虽然过那些节日的年轻人并非真正信教。语文教育本身就担负着民族化教育的义不容辞的神圣职责。为何这么讲呢？请让我们共同来品味一下佛教禅宗有三句极为耐人寻味的话吧！

见山是山，见水是水；

见山不是山，见水不是水；

见山还是山，见水还是水。

这三句话形象地概括了人们认识事物的三个阶段。用这三句话来看中国语文教育的历史发展，我以为，古代语文教育处在"见山是山，见水是水"的阶段。古代语文教育是经验型的，就是看古人是怎么写诗作文的，然后学生就照着读，照着背，照着写，看人家是怎样写的，学生便依葫芦画瓢。这种教学基本不讲知识性，故谓之为经验型的——这大凡即是禅宗所谓"见山是山，见水是水"的境界。

中国近代以来一百年的语文教育，主流是反传统，抛弃传统，学西方，然后是学苏联。20世纪20年代初期，五四先贤们以非常激进的态度反传统，

"打（倒）孔家店"的口号一出，意味着和传统的彻底决裂。语文教育在这种大气候下必须走向反传统。不但教育内容改变了，"四书""五经"扔掉，变成"德先生"和"赛先生"——民主与科学，教学方式也改变了，由"书院式"变成"学堂式"。语文教育遂由古代的经验型变成近代以来的知识型。建国后全面学习苏联时，把苏联专家的"红领巾教学"这种知识型教学模式铺开，全面知识化。语文课每课都要讲作者介绍、时代背景、主题思想、段落大意，写作特点。后来把西方语文知识，尤其是语法知识大量融入，使知识型教学登峰造极。你只要看近些年的高考语文试卷，考了多少知识点，有多少 ABCD 选择题，你就明白了什么是知识型数学？所以，这一百年的语文教育是在走一条否定传统，异化民族语文的道路，这正是禅宗所谓"见山不是山，见水不是水"。

事实证明，这条路越来越窄。从 20 世纪八九十年代起，社会上对语文教学的批评越来越多。语文难教，学生厌学，找不到适合汉语文特点的语文教学之路。语文教育发展到今天这个"见山还是山，见水还是水"的阶段。

"语文教育民族化"是一种教育理念，它不是旧式语文教育的复辟，而是语文教育传统（既包括千年的传统，也包括百年的传统）经过现代性改造后的新生再现。它的目标是现代化，它的过程是民族化。只有坚持走语文教育民族化的道路，才能实现现代化的目标。所以，语文教育的民族化，就是本位现代化。它是向前看的，但在向前看的同时，它也向后看。就是说在追求现代化的同时，必须回头审视传统，它要重新找回传统语文教育的精华，并发展这种精华，为建构一个全新的语文教育提供基本的思想资源。

语文教育民族化的实质内涵是主张按照汉语文学习规律进行和改造语文教学，以尽快祛除语文数学效率低下的痼疾，加速提升青少年乃至整个民族的文化素质。语文教育民族化与实现中华民族的伟大复兴密切的相关。民族精神是一个民族赖以生存和发展的精神支撑。

而语文是民族精神的载体，语文教育是维系民族精神的根基。一个民族，文化复兴了，才可以说这个民族复兴了，而中国语文化的根，中国语文教育有权利和义务让中华文化自强的力量，兼容的气度，灵变的智慧和注重人格，注重伦理、注重利他、注重和谐的东方品格以及释放着和平信息的人文精神在一代又一代炎黄子孙身上传承和发展。语文教育的过程是体认中华民族文化的过程，是民族文化复兴的奠基过程。所以，语文教育民族化就成为实现中华民族伟大复兴的必然要求。语文教育担负着承续国光、光大国粹的重任。若使中国闳硕壮美之学绝于我手，是我辈语文教师之罪也。中国近代以来一百年的语文教育把中国文化传统拦腰斩断，但这只是传统（几千年）一时的中断，甚至是必要的中断。今天，到了重新接续上千年文化血脉的时候了。为天地立人，为生民立道，为往圣继绝学，为来世开太平，语文教育的铁肩不担此道义，舍我其谁？民族化的语文教育将通过培养一批批的学生（未来的社会人）以达到重建中华民族的精神家园，归复中华民族之魂的目的。

文化与文明

任何国家的何种民族都必须有、而且应当有自己的文化。只有拥有了文化，民族才会文明，国家才会文明，人类才会文明。

"文化与文明"两个词皆自西方翻译而来。此语应有别，而国人每多混用。大体文明文化，皆指人类群体生活而言。文明偏在外，属物质方面。文化偏在内，属精神方面。故文明可以向外传播与接受，文化必由群体内部精神积累而产生。即如近代一切工业机械，全由欧美人发明，此正表现了近代欧美人之文明，亦即其文化精神。但此等机械，一经发明，便到处可以使用。轮船、火车、电灯、电线、汽车、飞机之类，在世界各地都通行了。但此只可说欧美近代的工业文明已传播到各地，或者说各地均已接受了欧美人近代的工业文明，但不能说近代欧美文化已在各地传播或接受。应当知道产生此项机械都是文化，应用此项机械而造成人生的形形色色是文明。文化可以产生出文明来，文明却不一定能产生出文化来。由欧美近代的科学精神而产生出种种新机械、新工业。但欧美以外的人，并非能与欧美人同具此项科学精神。再举一例言：电影是物质的，可以很快流传，电影中的剧情之编制，演员之演出，则有关于艺术与文学之爱好，此乃一种经由文化陶冶的内心精神之流露，各地有各地的风情。从科学机械的使用方面讲，电影可以成为世界所共同，从文学艺术的趣味方面讲，电影还是各地有区别。这便是文化与文明之不同。

各地文化精神之不同，究其根源，最先还是由于自然环境有区别，而影响其生活方式。再由生活方式影响到文化精神。人类文化，由源头处看，无外有三型：一是游牧文化，二是农耕文化，三是商业文化。游牧文化发源在高寒草原地带，农耕文化发源在河流灌溉的平原，商业文化发源在滨海地带以及近海之岛屿。三种自然环境，决定了三种生活方式，三种生活方式形成了三种文化型。此三型文化，又可以分成两类：游牧、商业文化为一类，农耕文化为又一类。

游牧、商业文化起于内不足，内不足则需要向外寻求，因此而为流动的、进取的。农耕可以自给，无需去外求，反复不舍，因此而为静定的、保守的。草原与滨海地带，其所凭以为资生之地者不仅感其不足，内部之有阻害，于是而遂有强烈之"战胜与克服欲"。其所凭以为战胜与克服之资者，亦不能单恃其自身，于是而深刻之"工具感"草原民族之最先工具为马，海滨民族之最先工具为船。非此即无以克服其外面之自然而获生存。故草原海滨民族其对外自先即具故意，即其对自然亦然。此种民族，其内心深处，无论其为世界观或人生观，皆有一种强烈之"观念感"。其对自然则为"天人"对立，对人类则为"敌我"对立，因此而形成其哲学心理上之必然理论则为"内外"对立。于是而"尚自由"、"争独立"，此乃与其战胜克服之要求相呼应。故此种文化之特性，常见为"征伐的"、"侵略的"。农业生活所依赖，曰"气候"，曰"雨泽"，曰"土壤"，此三者，皆由人类自力安排，而若冥冥中已有为之，布置妥帖而为恃，人类之信任与忍耐以为顺应，乃无所用其战胜与克服。故农耕文化之最内感曰"天人相应"、"物我一体"，曰"顺"曰"和"。其自勉则曰"安分"而"守己"。故此种文化之特性常见为"和平的"。

　　游牧、商业民族向外争取，随其流动的战胜克服之生事而俱来者曰"空间扩展"，曰"无限向前"。农耕民族与其耕地相连掣，缪著而不能移，生于斯，长于斯，想于斯，祖宗世代坟墓安于斯。故彼之心中不求空间之扩张，唯望时间之绵延。绝不想人生有无限向前之一境，而认为当体具足，循环不已。其所想像而所求者，则曰"天长地久，福禄永终"。

　　游牧、商业民族，又常具有鲜明之"财富观"。牛羊孳乳，常以等比级数增加。一生二，二生四，四生八，八生十六。如是则刺激逐步增强。故财富有二特性，一则愈多而愈易多，二则愈多愈不足。长袖善舞，多财善买，商业民族之财富观则更益增强。财富转为珠宝，可以深藏。以数字计，则转为符号。由物质的转为精神的，因此其企业心理更为积极。农人则唯重生产。生产有定期，有定量，一亩之地年收有定额，则少新鲜刺激。又且生产不已，源源不绝，则不愿多藏。抑且粟米布帛，亦不能多藏。引支之生业常感满足，实不富有。合此两点，故游牧、商业文化，常为富强的，而农业文化则为安足的。然富者不足，强者不安，而安足者又不富强。以不富强遇不安者，则虽安足亦不安足，于是人类文化乃得永远动荡而前进。

文化必须有刺激，犹如人身必赖滋养。人身非滋养不能生长，文化非刺激不能持续而发展。文化之刺激，又各就其个性而异。向前动进的文化，必以向前动进为刺激。战胜克服的文化，必以战胜克服为刺激。富强的文化，必以富强为刺激。然动进复动进，克服复克服富强益富强，刺激益刺激，而又以一种等比级数的加速为进行，如是则易达一极限，即为此种文化发展之顶点。古代游牧民族，其马骤，其崩速。近代之商业文化，虽其貌相若与古代游牧之文化大异，而内里精神实出一致，因此此种文化常感摇兀而不安。

"安、足、静、定"者之大敌，即"富、强、动、进"。古代农耕民族的大敌，则常为商业民族。然人类生活当以农业为主，人类文化亦终以和平为束。故古代真诚的文化产生，即在河流灌溉之农耕区城。而将来文化大趋，亦仍必以各自给足的和平为目的。

随着历史长河的不断流逝，文化发展到了今天，人们越来越觉得构建和谐文化已成了历史发展的必然。文化从物质层面的生产力和生产关系，劳动者和劳动工业的关系上看也都进入了科学时代与科技时代；仅社会的规范与准则来讲，社会只有文明也才能够平稳有序运行，社会只有公平正义也才能够使人们得到有效保障；从观念层面而看，文化业已有存在于人们日常生活之中的传统、风俗习惯、道德行为准则等；纵观人类历史，无论原始社会、奴隶社会还是现代社会，人们都在为保证社会的健康有序运行而不懈努力着。当前，我国正处于全面建设小康社会的关键期。建设更高水平的小康，不仅要求进步加快经济发展和政治进步，而且要求进一步促进文化繁荣和社会和谐发展。和谐文化建设不仅植根于中华民族优良传统文化沃土，而且站在世界文化发展前沿。

文化与文明的关系，可谓堂兄堂弟之属。要实现文化与文明同步发展与同时进行，我们必须明确定位——这是以实现人与人、人与社会、人与自然和谐相处及人的身心和谐的基本价值取向。马克思主义认为，人之所以为人，是因为劳动，人们不仅能够满足基本生存需要，更主要的是能够达到一种身心和谐的境界，找到生活的中心和价值。这种目标和价值能够引导人们的积极的态度生活，实现身心全面发展，并使文明得以延续和发展。因此，马克思主义始终探寻独立的劳动意识，强调通过劳动达到社会财富的最大化以及最大限度地满足人的各种需求，从而能建立平等、自由、和谐的社会秩序。

（刊载于 2013 年 2 月《中国教研交流》）

"仁义不施而攻守之势异也"之再议

　　秦兼并六国，统一天下后，对百姓横征暴敛，滥施严刑酷法。其暴政给人民带来极大的灾难，民怨沸腾，终于在秦二世元年爆发了陈胜、吴广起义。接着人民起义风起云涌，中国历史上第一个封建王朝很快结束了。贾谊生活在西汉初期，由于此前经过500年的战争破坏，社会经济凋敝，人口减少，所以他极力主张仁政以"安民"。他曾多次上疏，评论时政，《过秦论》就是为宣扬这种主张写的。贾谊以其纵观天下，通览古今的博学和睿智，析秦亡之因，责秦亡之过，倡治国之道。原文共有上、中、下三篇。上篇叙述了自孝公以来秦的兴亡史，在此基础上提出了一个令人深思的问题：统一天下前秦"以区区之地"，可以"致万乘之势，序八州而朝同列"，而统一天下后的秦虽"以六合为家，崤函为宫"，却不免"一夫作难而七庙隳，身死人手，为天下笑"，这是为什么，贾谊的回答是："仁义不施而攻守之势异也。"

　　"仁义不施而攻守之势异也"是全文的中心论点，对这句话的理解有不同的说法。一种认为这句中的"攻守之势异也"是指秦统一天下后的攻守形势与统一天下前的攻守形势不同，而造成这种局面的原因是统一后的秦"仁义不施"，因此这句话可以译为"由于统一后不施仁义，因而使得攻守之势与前不同的缘故。"

　　我以为，这句话中的"攻"是指攻取天下，"守"是指守住天下。攻取天下和守住天下是两种不同的情势，不同的情势应当采用不同的术略。秦王不懂得这个道理，在攻取天下后没有施行仁义，从而导致了秦王朝的迅速溃灭。所以，这句话应当译为："这是因为统一天下后的秦没有施行仁义，而攻取天下和守住天下的情势不同的缘故。"

　　我这样理解的依据主要有两点：

　　第一，符合《过秦论》（上）的论证逻辑。《过秦论》（上）在艺术上的一大特色是以叙事代议论。文章是用大量篇幅叙述了自孝公以来秦的历史，

190

这段历史可以分为两大时期，一是统一天下前的"攻"，一是统一天下后的"守"。当然，统一天下之前也有守的问题《却九国之师》，但以总的战略形势看，统一前的秦是处在攻势。这样一来，统一前的秦与统一后的秦就形成了"攻"与"守"的对比。自秦孝公起用商鞅以来，秦的基本国策一直未变，但结果完全不同：处在攻势的秦可以蚕食诸侯，并吞八荒；处在守势的秦却不堪一击，顿失天下。通过史的叙述，就自然而然地引导出结论：在攻取天下和守住天下的不同历史时期，应当采用不同的术略，而秦速亡的根本原因，就在于秦王统一天下后不知因时而变，施行仁义。如果照此前者之说法去理解，就无法同《过秦论》（上）的论证过程统一起来，一个明显的事实是，统一天下后的秦"攻"的问题已经解决，只剩下"守"的问题，这样就不可能构成前者说的那样统一前的攻守和统一后的攻守的对比。

第二，符合贾谊关于攻守异势的异术的一贯思想。贾谊在《过秦论》的中篇皆明确提出过攻守异势而异术的问题。他说："夫兼并蓄，先诈力；安定者，贵顺权；此言取与守不同术也。"就是说，兼并天下者处于攻势，应当崇尚诈术和威力。安定天下者处于守势，应当提倡根据实际情况的变化来制定新的政策，施行仁义。根据这一思想，贾谊在这篇文章中进一步批评了秦始皇的错误："秦王怀贪鄙之心，行自奋之智，不信功臣，不亲士民，废王道，立私权，禁文书而酷刑法，先诈力而后仁义，以暴虐为天下始。"又说："秦离战国而王天下，其道不易，其政不改，是其所以取之守之者（无）异也。"贾谊在《时变》一文中也有类似的论述："蹶六国，兼天下，求得矣，然不知反廉耻之节，仁义之厚，信并兼之法，遂进取之业，凡十三岁而社稷为墟，不知守成之数，得之之术也，悲夫！"贾谊这些论述，可以看作"仁义不施而攻守之势异也"一语的最好佐证。

（刊载于 2014 年 6 月《中学语文》）

谈 "文本研习" 教学的有关概念、问题与策略

主持人：蒋智慧
主讲人：杨常春
地点：印江民族中学教研活动办公室
时间：2014 年 4 月 9 日下午 2：30—4：30

一、"文本研习" 教学中的有关概念

"研习"是一个底蕴丰厚的字眼，"文本研习"诠释为"对文本的研究学习"。这只能说"不算错"，但大凡不会有人觉得"够味"！早在《北齐书》当中，就有了"服膺师说，研习《礼经》"的记载，但是，谁又能说清怎样才算是"研习"呢！

对"文本的研究学习"的解读，目的是借以表达一种意图，即"充分观照文本，解读文本"。

"文本研习"的前提在"基于文本"。教学过程中保持对文本的持续关注，那就是用两只眼睛，一只看语文，一只看生活，这样，便有了一切。语文，执教者全部的生活；生活，执教者全部的语文，语文与生活，就是全部的执教者。

而新课程对于"文本研习"，教材编写者是这样阐述的：在"文本研习"中，在教科书所创设的对话情境中，通过自主阅读，钻研文本，品味名篇佳作，与文本，老师和同学交流、对话。

值得注意的是，新课程倡导的"文本研习"教学不同于传统持"讲读"教学。传统的"讲读"教学，承载着语文阅读教学中"讲解分析"的基本任务，它的特点在于重视传授，强调面面俱到，而"文本研习"教学，是一种师生共同解读文本的过程，它强调师生、文本之间的多重对话。

既然是"研习"，既然是多重对话，便忘不了"设问"，但"文本研问题""分析问题"，最终指向发展理性思维。"文本研习"重在"品味"，最终指向发展感性思维，挖掘文本内涵。

二、"文本研习"教学中存在的有关问题

1. 设问脱离文本，致使研习走向文本之外。文本研习过程少不了问题设计，教师设问技能的高下决定着研习进程的顺畅与否，也影响着学生对文本的关照状态。不当的设问，常常诱使学生偏离乃至脱离文本。曾经有位老师在课堂上引用了宋代刘子军的两句诗："明月不知君已去，夜深还照读书窗。"姑且不论所引诗句是否匹配所研习的文本，单就这位老师引用之后的设问来说，是很值得商榷的。这两句诗，虽然诗意直白，但含义隽永，值得玩味。可这位老师随口抛出这样的一个问题："为什么明月不知君已去。"这一下子就把学生的目光引向了文本之外的。因为"明月"本属外界客观事物，"明月"的"无知"（无意识）是天然的，是不以人的意志为转移的。又如教契诃夫的小说《凡卡》，如果让我来讲，一定要提出两个问题：如果那个在鞋匠铺里做学徒的叫作凡卡的小男孩的苦难经历，不是由他写在信里头，向爷爷倾诉出来，而改为由作家本人直接表达出来，请问：这个世界上还有没有一篇名为《凡卡》的经典短篇小说？教师的职业敏感，应该马上感觉到我的问题已经回到文本上，回到了叙述的角度上了。我又提出了另一个问题：如果《凡卡》中没有那样一个细节——凡卡写完信，把这封信投到了邮筒里头去，但上面没有爷爷的地址，而只写了"乡下爷爷收"，请问，还有没有一篇《凡卡》的经典篇小说？那个孩子用一番诚意去写一封信，投到了邮筒里头，但它却是一封永远也不能到达的信。让人纠结的地方就在这里。"永远也不能到达"，这个细节特别重要。它是这篇小说的魂，这篇小说的眼。不把这个魂，这个眼点出来，我以为这篇课文的教学任务就没有很好地完成。

2. 热衷于"讲读"，忽视研习的"对话"属性。一些教师一味坚守自己多年的教学习惯，认为"文本研习"教学是语文教学口号花样不断翻新的又一种表现，拒绝对这一呈现方式作必要的思考和研究，高中新课改已经进行

了大约八年之久，但相当部分的老师（也包括我）仍过分热衷于"讲读"，习惯于"传道"，津津乐道于"授业"。

3. 忽视文本隐含信息，即使研习浅层化。我们有的老师或受限于自身专业素养的欠缺，或受限于教学目的的功利化，忽视文本隐含信息，研习中的设问，不同于"问题探讨"中的设问。"问题探讨"重在发现文本浅尝辄止，结果学生的分析理解始终停留在已有的水平上，整个课堂显得肤浅，不见学生在教师的引导对文本品析的深入，学生品析文本能力无法得到提升。例如研习《欧也妮•葛朗台》。巴尔扎克在《欧也妮•葛朗台》中对人物的神态进行刻画，其中两处细节常常被教师忽视。太太病重，急需治疗，可葛朗台却问："要不要花很多的钱？要不要吃药呢？"此其一。读者心里正在怀疑葛朗台问话的用意，作者紧接着写医生"微微笑"，此其二。两相对照，点破了葛郎台视金钱重于一切的本性，令人捧腹。而忽视这些信息，研习就变得浅薄。

三、"文本研习"教学的有效策略

针对上述三类问题，本人尝试着在教学实践摸索适合"文本研习"教学的有效手段，下面分三点略述，以求教于在座各位。

1. 创设"研习心理场"，与文本展开"对话"。新课标提倡"在主动积极的思维和情感活动中，获得独特的感受和体验"，倡导"与文本展开对话"。教师应不失时机地调动学生的情感体验，营造适合对话的"研习心理场"，在自我与文本之间产生"对话流"。

例如，研习《长亭送别》"青山隔送行，疏林不做美，淡烟暮霭相遮蔽。夕阳古道无人语，禾黍秋风听马嘶"，感受崔莺莺离别后的伤痛之情，可通过语境（有内部与外部语境之别）来提示场面（夕阳古道，比喻凄凉愁苦的景象。禾黍秋风，常与悲情相联）；可通过自我比照来揣摩人物心理"无人语"进而"听马嘶"。试想，莺莺送别远去，内心寄怅恨伤痛不忍分离。起初，她将这种牵挂寄托于视觉，极尽目力遥望其人。可惜自己的视线被"青山"与"疏林"阻挡。继而，她无奈地转而借助听觉，但残阳如血，古道漫漫，不闻人声（即

"无人语"）。可是她并不甘心于此，侧耳细听，便有"禾黍秋风"之音，那簌簌之声想必令人心碎，更可恨还有"听马嘶"三字，不管是实觉还是幻觉，总之那隐隐的传来的嘶鸣，震碎了莺莺的心。

2. 扣紧文本主体内容，设计"问题链"，强化"基于文本"意识。

文本最基本的价值就是作为教学的凭借和资源，教学活动的开展不能无所依凭，文本就是为研习提供这个凭借。基本文本，设计出"问题链"，教师可以展开丰富的教学活动，让学生获得应有的语文素养。

例如，研习《五人墓碑记》一文主旨。研读文本后发现，"义"字是

全文的文眼，围绕文眼（"义"）设计问题链，可以收到片言居要，百意烛照，举一反三的教学效果。"问题链"如下：

第一步，逐层分析"不义"，了解明末黑暗的社会背景。（魏忠贤——毛一鹭——阉党）

（1）分别列举魏忠贤、毛一鹭、阉党的不义言行。

（2）这些人勾结在一起，组成了一个怎样的群体？

第二步：逐层析"义"，理解"义"士之死的重大意义。（周公——五人——吴民）

（1）从课文中找出有关周公、五人、吴民"义举"的句子。

（2）苏州暴动和五人之死的重大意义是什么？

第三步：逐层分析有关"义"的三处对比，体会作者阐述的生死价值观念。

（1）本文是运用哪几处对比来突出五人的？

（2）作者对三种不义之人的态度分别怎样？

3. 挖掘隐性信息，达成对文本的深度解读。

我认为解读文本有三个层次：第一层次是显性的，表层的感知连贯；第二层次是潜藏在显性感知过程以外的隐性内涵，感受的是显性潜在"意脉"的变化，流动过程；第三层次就是文体形式的规范性和开放性，还有文体的流派和风格。"文本研习"教学就是要引导学生由表及里，逐层深入。

例如，研习《项脊轩志》小屋修葺前后作为情感变化。文中先是写小屋的小、老、暗、破，再写修葺后由暗变亮（"前辟四窗、垣墙周庭，以当南日，

日影反照，室始洞然"），也写于小屋的由老变新（"又杂植兰桂竹木于庭，旧时栏楯，亦遂增胜"）。以上是显性信息，读起来容易把握。但我们会有疑问：小屋的"小"有没有得到变化呢？细读文本之后发现，变化是有的：小屋由"小"变"大"了，只不过是精神空间的"大"，是心灵空间的"大"。而这些信息在文本中是以隐性的形式呈现的（"借书满架，偃仰啸歌，冥然兀坐，万籁有声"）。

围绕"文本研习"教学，我们大家虽然也作过一些探索，但困惑依然存在，对其深入地开发探讨当是我们每一位语文教师的担当与责任。

（此文获全国教师论文大赛一等奖）

五礼仪心语

欢迎辞

亲爱的同学们：

你们好！春节快乐、岁月如流，时节不居。一个寒假生活转瞬间就结束了，同学们将以全新的面貌步入紧张而有序的学习征程。在新的一年里，在新的征程中，大家联想多多，希望多多、收获多多，但在多多联想，多多希望，多多收获中又包含着多多汗水，多多辛劳，多多苦涩啊！

同学们记得"一分辛劳一分才"这句至理名言吗？只要我们每个人胸有抱负，志存高远，立足务实，就没有实现不了的理想，只要我们每个人勤思苦学，笔耕不辍，放眼未来，就没有达不到的彼岸；只要我们每个人心中有一种不甘示弱，奋发向上的意念，并以此意念为动力付诸行动，就没有登不上的高峰。世上无难事，只怕有心人。我们应该懂得"珍宝在险处"这样一个简单而又非常丰富的道理。人生既如水又如画。说如水，是一逝不复返；说如画，是靠自己去勾勒，或伟岸或瑰丽、或奇峰、或平川，我们每个人的眼前都有可能出现一道优美动人的风景，那依然期待的是谁创作。

风景这边独好。依仁书院静听你的琅琅书声，文昌宝塔俯瞰你的翩翩舞姿。我们深信：印中学子凭着自己火热的激情，睿智的心灵，勤劳的双手，把人生的这张风景图勾画得最新更美。我们衷心祝愿大家昂首阔步不用扬鞭自奋蹄！我们真诚希望你们在马年马踏春回、马到功成！

2002.2

促膝小语

——写给高一 (1)(2) 新生

同学们，当时光的脚步悄悄踏入高中的那一刻，您是否感觉自己已站在这座大山的脚下，也在无形中给自己加了一鞭呢？

在您对高中生活充满好奇，对高考充满疑惑的时刻，是否能听一下教者的肺腑之言？

高中生活较之初中更为紧张、繁忙和充实。而高考，是每一个高中生都不容回避的，从步入高中那一刻起，它就已经开始。高考对学生来讲是十二年学习生活的总结，是对学识和能力的综合考验，是竞技场上的最后一搏，而高一正是打基础的阶段。在这一阶段，应树立正确的求学目标，扎实地打好基础，拼一年春夏秋冬，搏一生无怨无悔。

请你们铭记住：收获是甜蜜的，但收获前的耕耘是苦涩的；风雨是狂暴的，但风雨后的彩虹却是绚丽的；理想是完美的，但追求完美理想的过程却是曲折的。

人是十分需要精神食粮的。这精神食粮拥有了，才让你们在求学的道路上不至于踽踽独行，才让你们在治学的征程中不至于朦胧迷航，才让你们在学习生活中峰回路转，水到渠成，才让您在三年后的高考时收获累累硕果。

这虽为"促膝小语"，却是"金玉良言"，促膝方显心诚，小语才好入耳。期盼同学们靠汗水浇出胜利果实，凭方法走到成功彼岸。我衷心祝愿高一 (1)(2) 两班每一位学子在老师的苦心呵护下，拨开迷雾，走出泥泞，走进辉煌，陶醉在美丽的春天里，陶醉在灿烂的人生中。

你们的语文老师　杨常春

2005 年 8 月 15 日

慰问信

印江民族全体教职工同志们：

岁序更新，万物复苏。在祖国建设事业蓬勃发展日新月异的大好形势下，猴年岁月如歌，鸡年迎春而来。值此，学校党政工青妇全体人员向你们表示节日的亲切问候，并致以崇高的敬意。

过去的一年，由于坚定不移地全面贯彻党的教育方针，全校教职员工同心同德、和衷共济、团结战斗、振奋精神，取得了很大的成绩。教学秩序继续好转，教学质量更加提高。周元恺等同学以优异的成绩考入名牌重点大学生，不仅彪炳校史，而且成了印中人的骄傲，更成了广大在校生的学习楷模。在校园建设方面，我们得到了县委政府和上级有关部门的热忱关怀和大力支持，不仅拥有现代化的教学手段，而且有着花园式的环境，已成为印江一道靓丽的风景。在教学科研方面，我们除了秉承传统的优良做法外，还大胆创新，理直气壮地将"6433工程"作为长足发展的治校理念写入了重要工作日程，以"教研兴校，质量强校"为办学宗旨，除采取校本培训师资措施外，还有计划有目的地派遣教师分别去上海、深圳、湖南、贵州和铜仁等地参加各类学术研讨以及教学交流活动，教研工作异彩纷呈，各具特色，也取得了很大进展。语文教研开创了快速作文与个性化写作以及阅读教学研究活动新局面，现已正式挂牌为"全国快速作文教学实验基础"，学校相继还有"省级禁毒示范学校"和"省级军训示范学校"等牌子。更值得一提的是，在校史上，我们破天荒地将派送英语教师尹华高前往国外深造。纵观全校形势，可以满怀信心地说，我校的全面工作已开始走上稳步发展的轨道。

我校的发展与成长是与全县人民血肉相连的，与广大教职员工的汗水分不开的。勤劳的印中人保持和发扬了教育先辈们的优良传统，在教育科学化、正规化、现代化建设中取得了显著的成绩，大大提高了教师的政治素质和战斗力。广大教职员工在各自的岗位上做出了巨大的贡献，为全校教职员工树立了光辉的榜样，相当部分同志不愧为人类灵魂的工程师和教育工作中的坚强柱石。

在新一年里，我们要不折不扣地遵循党的十六大提出的努力建设小康社会的方针，充分运用党中央和国务院赋予我们西部建设的特殊政策和灵活措施，念好"山海经"，狠抓教育教学科学化管理和基本硬件建设，营造持久良好的学习环境，努力把更多学子送往"211工程"，力争在2007年成功申办为省级示范性高级中学。

同志们！让我们更加紧密地团结在以胡锦涛为首的党中央周围，高举马列主义、毛泽东思想和邓小平理论伟大旗帜，身体力行努力实践"三个代表"重要思想，为把我校建设得更加繁荣昌盛，为把我校建设成为现代化的、高度民主的、高度文明的省级示范性高中而努力奋斗！

祝同志们新春愉快、身体健康、工作顺利、万事胜意！

2004.12

一辩辩词

主席、评委、对方辩友：

大家好！

我的观点是：追求财富一定会带来幸福。

所谓追求，就是利用积极的行动来争取达到某种目的；而财富，则是一切有价值的东西，它包括物质的和精神的两个方面。我们用积极的行动去实现的目的就是幸福，幸福就是心满意足、心情舒畅、精神愉快。大家都知道：人生存需要财富。人也好，社会也罢，都离不开财富。我们没有谁否认说，追求财富了而一定带来幸福的。事实表明：一个人来到这个世界，从裸身到用衣物蔽体、从衣衫褴褛到华丽时装，每个人就是从父母那里开始追求财富而带来幸福的，都是自己从被动接受到成年后主动追求财富，最终才不同程度地实现了自己的相应幸福的。大而言之，我们的祖国是从一个被欺侮受侵略的旧中国发展成为能独立自主、屹立于世界东方的新中国，从新中国成立到如今的繁荣昌盛；我们的人民从旧社会当牛做马到新翻身做主人；我们的时代从旧时的阴森可怖、毛骨悚然到当今的阳光雨露、昂首挺胸。这些足以佐证我方的观点：追求财富一定会带来幸福。

我国科学家在不断地追求飞天梦——神洲一号到神洲 N 号；

杂交水稻之父袁隆平在不断地追求亩产 1200 斤～ 1500 斤；

张艺谋在不断追求一部又一部世界级的电影精品问世；

莫言在不断地创作，从《红高粱》到《蛙》，不断地追求艺术的完美，最终获得了诺贝尔文学奖；

宋祖英从一个民间歌手成为一位著名的歌唱家，从湘西村寨步入北京歌剧院，从首都大剧院飞向世界大剧院。

这一切的一切都完全证明了我方的观点追求财富一定会带来幸福。历史已经证明，事实已经证明，未来不用证明。我方的观点千真万确，我方的观点是客观观律，我方的观点是历史的必然！

四辩辩词

主席、评委、对方辩友：

刚才对方四辩犯了以偏概全、以点带面的推理错误。我要让对方必须明白几个问题：一是什么叫追求？追求是用积极的行动争取达到某种目的。它本身不是贬义；二是财富的内涵和外延：一切有价值的东西就是财富，它有物质和精神的；三是正确处理物质与精神的财富关系。物质是第一重的，必不可少的。而健康、智慧、亲情、友谊、才华等真正意义的财富，便是精神的充实和乐观的态度。对方之所以未必幸福，其原因在于：第一，不是用积极的行动；第二，个人所追求的财富没有发挥有利于社会服务于人民的最大作用。对此，我方再次重申，追求财富一定会带来幸福。其理由如下：

1. 幸福的根基始终离不了物质财富。人要生存的必须前提就是穿衣吃饭、衣食住行。人们为之而努力的行动，是积极主动的。我们这样去追求财富，幸福就一定伴随行动而来。

2. 幸福的提升离不开精神财富。众所周知，我们国家是从一个一穷二白的旧中国发展到今天的，而且，要在 2020 年全国实现小康社会。中国共产党人倘若没有自己的奋斗纲领，没有马列主义毛泽东思想的正确指引，没有邓小平理论和三个代表重要思想以及科学发展观的正确指导，中国人民就要根本不可能走上社会主义的幸福道路，根本不可能过上欢乐祥和的幸福日子，就拿我们贵州来讲吧！今年的国发 2 号文件出台和中央财政下拨巨额建设资金给我省各条建设战线以及省委省政府提出"构筑精神高地、冲出经济洼地"的口号，这些就是对我方观点最强有力的佐证！

第三，心态决定结果。物质财富的多少是幸福的基础，良好的心态是追求财富一定带来幸福的关键。红军战士当年长征时物质并不富裕，但打倒了土豪劣绅而感到幸福；共产党人打江山时武器装备不如国民党，但消灭了蒋家王朝而感到幸福；中国人民解放军历经辽沈、平津、淮海战役，小米加步枪建立了新中国而感到幸福。我们从煤油灯到电灯，从衣不遮体到丰衣足食，从有线电话到无线通讯，从赶马车到乘飞机等无数事实证明：追求财富一定会带来幸福。这是永恒的社会主题！这是永恒的时代主题！这是永恒历史主题。

一言以蔽之，凡是采取积极行动获得财富的人们，都一定会幸福。这是不破的真理！这是至理的名言！这是历史的必然。

谢谢大家！

家慈古稀华诞祝辞

尊敬的母亲、亲爱的亲朋好友：

在中秋刚过，家人欢乐未减之际，我们又沉浸在家慈古稀华诞的极度喜悦之中。

天，苍穹更阔，天宇更高，风和日丽；

今晚，桂月更圆，银钩更亮，秋高气爽；

此刻，亲朋云集，蓬荜生辉，欢场笑语。

们以最大的乐观来庆祝您老人家的生日。

我们忘不了您那昔日的沧桑岁月；为了我们家，您与家父风雨同舟、和衷共济，同心协力、勤俭持家、节衣缩食，把我们一手拖大成人；与邻舍和睦相处，与穷人善心相济，赢得了四面八方亲朋好友的一致好评。至今，您依然以高尚品质影响着我们，以和风细雨般的话语教诲着我们，您的恩情比天高，比海深。

我们衷心祝福您福如东海，寿比南山；祝福您与日月增辉，与天地同寿；祝福您笑口常开，心情天天乐，生活天天好，让健康、幸福与欢乐伴随着您永远永远！

最后，让我们为了祝福您老人安度晚年，万寿无疆而干杯！

庙沟桥序

庙沟桥，历史悠久，源远流长。地处南北溪流之界，情系杨陈姓氏之交。昔日高楼巨厦一幢横卧其上，亭台庙宇一座位于南端，旁有三排参天木棋傲然挺立。一则供童子学书，文气飘逸；二则供神佛栖息，严然肃穆。此乃得名也。风景别致，迁客骚人过而兴叹矣！

岁至甲未，暴风骤雨，桥崩房毁。时迁数载，物换星移。父老成千，过客上万，徒步涉水，甚是艰难。岁月不忘英雄汉，人间又是虎王年。适逢戊寅，政通人和。我坨里、对门二组父老兄弟姐妹苦于涉江，遂出谋献计，群众集资延匠，仁人志士捐款，群策群力，夙夜匪懈，钢筋水泥桥竣工告成。故镌碣以勖后人：嗟乎！先侪智慧着成春，后嗣才子愈纷呈。南出文臣，北生武将，恩泽子孙，万古流芳。一架飞渡南北，天堑变通途！

至若春夏樵夫童曳歌其上，秋冬仙女道婆舞其中，虽物丰裕而人平常，然则喜气洋洋者也。

自戊寅而下，人康村泰，财发人兴，今人建桥责无旁贷，后人护桥义不容辞。人孝人和万事顺，秀才举人代代出。

1998.4

驾枧田桥小引

　　1983年春，风飚雨暴，六井溪浪洪波滚，一片汪洋原木桥一栋，随波全毁。驾枧田父老兄弟，苦为涉步，遂集资延匠。夙夜匪懈，群策群力，石桥告成，众济渭留遗浪。故刻石以铭之：嗟夫！桥东白岩洞，金钟扑地，桥西坪上穴，银狮仰头，溪水北来，英烈滚滚，河浪南流，气势磅礴，顿感心旷神怡、万愁皆非，至若春夏，牧童樵叟歌其上，秋冬姑娘妪姊衣其中。虽物丰人平常，然趣异兴高也。

　　王氏昆仲，乐业此间，自仲鳌公而下，世传十三，人康村泰，兴旺发达，今互赖桥固而蔚起人文，依勤俭而倍增才子，朝晖东照童叟来，肩挑手提人依偎，夕照苍碧有余韵，生机蓬勃苏维埃！

教育教学工作总结

（1998 年 ~ 2003 年）

时日不居，岁月如流。转瞬间，本人执教已逾三十个春秋。这期间，我没有虚度年华，也没有白费光明，始终坚持读书，潜心治学；坚持任劳任怨地工作，勤勤恳恳地教书，忠忠实实地育人。虽谈不上桃李誉满天下，但总还有学子遍及江南。功虽不高，却有劳苦。到如今，已奔天命之年，"莫道桑榆晚，余热更增辉。"为此，将近五年来的教育教学工作总结如下：

一、坚持政治挂帅，思想上和行动上与党的教育方针政策保持一致

政治是统帅，是灵魂。我明白教师有传道的责任。要传道，先得明道，并将其付诸行动。因此，自觉学习马列主义、毛泽东思想、邓小平理论和江泽民同志的"三个代表"重要思想。坚持参加学校每周一次的政治学习，认真作好读书笔记，笔记字数达数十万。几年来，撰写五十余篇心得体会。通过学习，自己思想清醒了，心明亮了，觉悟更高了，有了正确的世界观、人生观、价值观。崇尚科学、反对迷信，忠诚于党的教育事业，认真贯彻执行社会主义教育方针政策，模范履行《中小学教师职业道德规范》。品德高风亮节，忠于职守，爱岗敬业，教书育人，为人师表。

一直以来，身处三尺讲台而无怨无悔，辛勤耕耘这方乐土净地。在从事语文教学的同时，我一直担任班主任和语文教研组组长的工作。在班主任工作中，耐心细致地抓学生的政治思想教育，善于做差生的转化工作，培养了一大批德才兼备的学子。心血没有白费，汗水没有白流。本人深得学生的欢迎和爱戴，学校领导对我的工作予以高度赞扬和充分肯定。连年被为学校先

进教育工作者，1998 年被县工会评为"十佳职业道德标兵"，1998 年、2001 年还被评为"优秀共产党员"。

二、树立终身学习观，为教育教学工作"衣带渐宽终不悔"

比起很多学人来，我作为一名高中语文教师，知识的储备自愧不如。要胜任这项工作，唯有从零做起，从实做起，兢兢业业，一丝不苟。我治学的的格言是：多跟书本交朋友，少与俗人打交道。温故知新，在优秀的传统文化中汲取营养，还订阅多种教育教学期刊。勤于笔耕，先后在《语文教学通讯》《语文报》《中学语文》等刊物上发表文章。另有论文载入《中国当代教师优秀论文大系》《语文教学研究成果集》《全国教育科研论文及教案选集》等书。还任《全国教育科研论文及教案选集》一书编委。参与全国农村中学语文教学研究学会和语文教学通讯《中学语文智能分级立体化同步检测》一书的编辑工作，另有作品登载在该书的第二册中。2001 年、2002 年所撰写的教学论文均获全国一等奖。

不学习，永远是杯水车薪；不学习，永远解决不好"杯水与桶水"的关系。一个教师在学生中受到崇拜，不外乎知识的广博；一个教师在社会上享有盛誉，不外乎工作上具有强烈的责任心。如果想得到学校领导的青睐，就必须是教学水平高，教学业务能力强。1998 年，我担任高三三个班的语文科教学工作，1999 年既教高一又教高三理科实习班的语文，2000 年、2002 年都上高二和高三语文，连续四年教毕业班。每年的会考合格率达百分之百；优秀率达百分之五十之上；三次高考成绩的人均分和及格率双超省水平。最为突出的是2002 年，我中途接的是差班，经过不懈努力，该班的高考语文及格率达百分之七十八，而省才百分之六十四；人均分为 98.25 分，省为 94.5 分。2001 年被评为全县"教学能手"，2002 年由地区教育局颁发"教学能手"证书。

为了不辜负学校领导的信任，我组的教研工作一直抓得有声有色。亲自带领全组同志重视业务进修和科研工作。我是本组年龄最大的，但从不倚老卖老，而是与年青人共同学习，共同进步。我十分关心他们的成长，每年均负责一至二名青年教师的教学指导工作，结对帮扶。他们是戴印华、朱梁、唐朝阳、杨继昌、杨文静、田兴军等，他们的教学的确受到广大师生的好评，现已成为我校教学骨干。他们所撰写的文章也纷纷发表，频频获奖。凡组织师生参加的"圣陶杯"作文等各级各类竞赛活动，我校均获得优秀组织奖，每次活动均有数十或近百人次获得不同等级的奖励。2002 年，我组教师撰写了数十篇教学论文，并付印了一册《语文教研成果集》。

我是从 1990 年 3 月起开始使用普通话教学的，2001 年获得普通话二级乙等证书，同年获得计算机培训合格证书，还获得铜仁地区教育局颁发的"课件制件结业证书"。当年被县教育局党组研究推荐为国家级骨干教师赴地区参加备课、说课、计算机操作等考试，该次的成绩并非不理想，只缘最后地区审查学历资格而被淘汰。

我既不是名人也非能人，不过，我在学校，每年均要为高三学生进行专题讲座，讲高考知识，讲答题技巧，讲高考心理等；每年县直中学招聘教师时，我都要担任评委。在全县的中学教师优质课竞赛中，本人也是评委之一。

三、"露重飞难进，风多响易沉"

我的一生好事多多而时乖命舛啊！不是自己不勤奋，只怪家身不丰裕。几经欲攻本科学业而未遂，是风流总被雨打风吹去。每每抱定长风破浪会有时之信念，常常总是破釜沉舟泛中游的结局。但我依然自信人生二百年，会当水击三千里。不管本次申报省级中学骨干教师成功与否，我都将一如既往地、无怨无悔地、坚强地执著钻研教学业务，当一名学生得益、家长放心、社会认可的教坛小卒！

2003.6
申报贵州省第十二批特级教师

莫道桑榆晚　余热更增辉

文 / 杨常春

回首四十余年的教学生涯，有苦有甜，有酸有辣，有悲伤有喜悦，有苦劳有功劳，有失败有成功。失败的教训必须吸取，成功的经验必须总结。

1973 年 3 月伊始，我就从事了教育教学工作，先后在韩家小学戴帽初中、板溪中学、印江二中、印江民族中学任教，转眼间四十余年了。这四十来年，可谓坎坎坷坷，风雨兼程，这四十来年，可谓求知与岁月同行，进步跟光阴共轨。感谢各位同事支持我、呵护我、帮助我，感谢各级领导扶助我、指导我、关心我，让我在教育战线上摸爬滚打，给了我锤炼与提升自己的舞台，也庆幸我本人有一股教书育人的不倦执着的激情，有着一种持续读书学习的不竭的动力。

师范——专科——本科，中学一级——中学高级——高级专业五级，这是一步一步踩踏过来的。本人奉守"德高为师，身正为范"的从业准则，严于律己，光明磊落，温良恭谦，与人为善，以校为家，以生当子，恪尽职守，勇挑重任，长期超工作量满负荷运行。时到今日，年逾 57 岁的我，仍然担任三个班的语文课业，还负责《文昌》校刊执行主编工作。常常为工作而废寝忘食，热爱学生，坚持"德育为先，育人为本"的原则，努力践行"贵州教育精神、贵州教师誓言和贵州教师自律歌"。不仅在课堂上坚持德育与法律渗透，而且注意从思想上、生活上、学习上全面关心学生，在学生评教中深受学生的敬重与欢迎。1973 年～2008 年，一直担任班主任工作，身先士卒、以身作则，坚持深入班级，经常开展"学雷锋，争先进"等主题班会教育活动，积极耐心指导学生参加社会实践活动。我所带班级二十八次被评为校级先进班集体；1992 年时任的初一（3）班被地区表彰"先进集体"。本人任高级教师以来，八次被评为校级先进班主任。1989 年 9 月被县人民政府表彰为"先进教师"；

1999 年 10 月被印江县人民政府表彰为"先进教育工作者"；1990 年被铜仁地区表彰为"先进个人"；1998 年被评为"全县十佳职业道德标兵"；多次被学校党支部评为"优秀共产党员"和"先进工作者"。

信守"以学习者身份从业，以思想者姿态执教"的工作准则，在勤于学习，耕读不辍的过程中苦练内功，在教学上不断超越自我。订阅专业杂志六种，每年购买业务书几十本，潜心研读，精心选购优秀的高三语文资料，兼收并蓄，取精用宏。

本人立足于践行课程革新理念，追踪把握高考改革的新动向；在教学设计上博观约取，追求"用教参而不囿于教参"的个性化处理，总是在广泛占有资料的前提下精心选材备课，形成了"纵横拓展、浅入深出、知能并重，激思启智"的语文课堂教学特色。我的教学理念是：激发兴趣，触动心灵，张扬个性，鼓励创新。我的教学战术是：先学后教，先写后导，先体验后倾诉，先实践后总结。数十年如一日坚持普通话教学。所教语文课深受学生喜爱，学生的语文素养有可见、可感的良好发展，教学效果好，成绩显著。所教高三语文高考成绩连年双超省人均分和及格率。仅以 2008 年为例，我教的高三高考语文成绩人均 106 分，及格率为 100%，不仅创校高考语文成绩历史，而且在铜仁地区实属罕见。因教学成绩突出，2004 年～2006 年、2008 年～2013 年均拿到了县政府、县教育局和学校高考质量奖金，本人十多次被学校派遣到外地远至北京上海，近到重庆贵阳参观考察学习。

本人自参加工作起，担任语文教研组组长一直到 2008 年 8 月，积极投身教研教改，数十次面向校内同行上教研公开课和示范课。所授公开课得到同仁的好评，多次担任全县优质课竞赛评委和公开招聘教师评委。1998 年 3 月至 2001 年 6 月担任贵州省广播电视大学印江县人事劳动局教学班的《普通逻辑学》《基础写作》《领导干部要略》《社会调查研究方法》四门大学课程培训教师。2002 年 3 月至 2008 年 6 月担任贵师大铜仁学院主办的印江县中小学教师进修学校和印江电大工作站承办的教学班的《普通逻辑学》《基础写作》《古代汉语》《古代文学》四门大学课程培训教师。我所教的课程其学员考试全部合格，效果很好。2004 年、2005 年、2012 年、2013 年、2014 年、

2015年先后在湖南邵阳一中、东北师范大学附中、山东无棣、北京昌平国家教育行政学院、铜仁碧江、河南睢县和陕西咸阳课题培训和学术研讨会议上交流发言，并得到专家和同仁们的好评。

立足"大语文大阅读"的教学观，创造性开发校本教材，团结并指导本校杨文静、任达杰、代华强、施毅敏、唐朝阳、彭周杭、任明霞、杨珈瑜、杨继昌、李瑜江、蒋智慧、赵友才、许珊珊、戴秉武、戴印华、陈松、田兴军、冉隆前等二十多位青年语文教师，唐朝阳、杨文静、冉隆前、戴秉武、戴印华、施毅敏业已成为中学语文高级教师；唐朝阳、冉隆前成为市级骨干，杨文静、施毅敏成为县级骨干；杨继昌、杨珈瑜、蒋智慧、田兴军、任达杰、代华强成为中学语文一级教师和校级骨干。参编并正式印刷出版了《高中语文智能立体化分级同步检测》（陕西出版社出版发行），担任《全国教育教学论文暨教案选萃》编委；担任《文昌》校刊执行主编；主编校本课程《古代诗歌阅读与鉴赏》一册；担任中央教育科学研究院中国教育委员会及语文教学专业委员会总课题指导的"十五、十一五"科研课题组组长，主持并完成了"十五、十一五"两项国家级重点科研课题任务。一是"高中语文个性化写作教学研究与实验"；二是"非构思创新写作教学研究与实验"。还继续担任全国教育科学"十二五"规划教育部规划课题"'少教多学'在中小学语文教学中的策略与方法研究"和教育部中国教师发展基金会全国教师队伍建设研究总课题组指导下的两个重点科研课题组组长，主持开展两个子课题研究工作。即"'少教多学'在高中语文现代文教学中的研究与实验"和"教师在普通高中新课程改革中的作用研究与实验"。十一篇论文均荣获国家和省级一、二等奖；2004年12月、2013年和2014、2015年7月被全国教育科学总课题组评为"优秀实验教师"、优秀主持人和优秀学术指导，指导学生参加多项全国性作文大赛活动，数百名学生分别荣获国家级、省级一、二、三等奖，本人于2012年和2013年被全国新课标写作才艺大赛组委会评为"全国写作教学名师"。近十年来在《语文教学通讯》《语文报》《中学语文》《高校招生》《快乐作文》《中国教研交流》等报刊上发表了十三篇文章。

"十一五"课题研究期间，我多次下乡镇及县直其他学校作专题讲座，结题时由我确定《成果汇编集》一书的编排体例、篇目选定，该书付梓发行和我的《写作教学专题讲座》均深受广大师生青睐，反响强烈，并由总课题组向全国各子课题组单位推广交流学习。效果好、评价高、影响大、意义深。

学然后知不足，四十余年的教学经验的确甚丰，但在当下信息时代，自己感觉电脑操作速度跟不上青年人，培养青年老师未见突破。譬如在教研过程中如何给老师们的自我成熟感、效能感和幸福感支撑，仍是一大困惑。

在语文教学中，常感课堂教学有好的设计与创意，但苦于超工作量满负荷运行，投入的精力与时间有限，细节化、精细化的设计往往来不及展开，因而在课堂教学细节操作方面很难令自己感到自我满意。教学永远是一门遗憾的艺术。活到老，学到老，知无境，艺无境，志无境。我从不言其老矣！我愿永远用年轻的心态去迎接自己每天的新生活，用日后从业的时间不断完善自己吧！

莫道桑榆晚，余热更增辉。自然是永远的主角，散发生生不息的气息。明天继续担任三个班的语文课业吧！

2014 年 2 月 12 日